Zu diesem Buch

Die Simulation ist in den letzten Jahren zu einem sehr effektiven Forschungsinstrument geworden. Mit Hilfe des Computers können wir komplexe Situationen der wirklichen Welt nachbilden und dann beobachten, wie sie sich weiterentwickeln. Worin liegen die Chancen, worin die Probleme dieser neuen Methode, Erkenntnisse zu gewinnen? Autoren aus verschiedensten Arbeitsgebieten in Wissenschaft und Technik dokumentieren erstmals, wie sie die Simulation einsetzen und was sie dabei herausfinden.

Die Herausgeber

Valentin Braitenberg, 1926 in Bozen geboren, studierte Medizin und Psychiatrie in Innsbruck und Rom. 1963 Habilitation für Kybernetik und Informationstheorie in Rom, emeritierter Direktor des Max-Planck-Instituts für Biologische Kybernetik in Tübingen. Honorarprofessor in Freiburg (Biologie) und Tübingen (Physik). Braitenberg, italienischer Staatsbürger, verheiratet mit einer Amerikanerin, lebt in Tübingen, Meran und Neapel. Buchveröffentlichungen: «Gehirngespinste», «Gescheit sein», «Anatomy of the Cortex» u. a.

Inga Hosp, Dr. phil. (Universität Wien), in Süddeutschland und Österreich aufgewachsen, lebt in Bozen (Südtirol). Kulturpublizistin, vor allem für Rundfunk und Fernsehen: Hörbilder, Dokumentarfilme, Porträts, Essays. Autorin mehrerer Bücher über Südtirol, Mitbegründerin und Mitarbeiterin verschiedener kultureller Initiativen, unter anderem der Bozner Treffen.

Valentin Braitenberg/Inga Hosp (Hg.)

Simulation

Computer zwischen Experiment und Theorie

Mit Texten von Valentin Braitenberg, Giovanni Galizia,
Walther von Hahn, Jürgen Lehn/Stefan Rettig,
Giuseppe O. Longo, Peter Mulser, Helmut Neunzert,
Peter Puhr-Westerheide und Norbert Untersteiner

ro
ro
ro

Rowohlt

rororo science
Lektorat Jens Petersen

Textredaktion Arnd Kösling und Andrea Kamphuis

Originalausgabe
Veröffentlicht im Rowohlt Taschenbuch Verlag GmbH,
Reinbek bei Hamburg, September 1995

Den Beitrag «Die Simulation bei Mensch und Maschine»
von Giuseppe O. Longo übersetzte Anita Ehlers
Bildquellennachweis siehe Seite 170
Umschlaggestaltung Barbara Hanke
(Foto: Imtek Imagineering/ZEFA-Masterfile)
Satz Sabon (Linotronic 500)
Gesamtherstellung Clausen & Bosse, Leck
Printed in Germany
1490-ISBN 3 499 19927 0

Inhalt

Valentin Braitenberg

Ein Wort geht um im neuen Gewand: *Simulation*

Es ist allen klar, daß mit dem, was man heute unter Simulation versteht, etwas Neues, Aufregendes, Vielversprechendes gemeint ist. Es ist aber nicht so leicht, dieses Neue vom bereits Dagewesenen abzuheben. Wodurch unterscheiden sich Simulationen auf dem Computer von der Simulation des Krieges im Schachspiel? Von der Simulation einer komplizierten mathematischen Gleichung in einem Gestänge mit rollenden und gleitenden Gelenken, wie man sie in den Schaukästen alter mathematischer Institute aufbewahrt? Von der Simulation einer Wahrscheinlichkeitsverteilung auf einem Nagelbrett, über das viele Murmeln rollen?

Eine mögliche Antwort ist diese: Man hatte früher keinerlei Modell oder Gestänge oder mathematisches Gleichungssystem zur Verfügung, wenn es um Situationen ging, die zweierlei in sich vereinten: eine große Zahl von Einzelteilen, also Freiheitsgraden, und eine komplexe Struktur, die ihr Zusammenwirken regelt. Wenige Teile und eine komplexe Struktur, damit wurde man fertig, mit einem Uhrwerk zum Beispiel. Viele Teile, aber bloß statistische Gesetze ihres Zusammenwirkens, auch das war beherrschbar: das Verhalten von Molekülen im Gas, die Zahl der Füchse und der Hasen im Wald in ihrer wechselseitigen Abhängigkeit. Aber nicht das Funktionsgefüge der Wirtschaft: viele Freiheitsgrade und ein vernetztes System. Auch nicht das Wetter und schon gar nicht das Gehirn. Die Behandlung dieser Dinge blieb approximativ, der Intuition überlassen, einer exakten Modellierung nicht zugänglich.

Seit es große Computer gibt, ist das anders. Ihre Leistungen als Rechner oder als Datenverarbeitungsmaschinen sind eindrucksvoll, aber noch viel eindrucksvoller ist ihre Rolle als Modell komplexer, bisher nicht beherrschbarer Phänomene.

Kreativität der Computer

Wer Maschinen als unmenschlich, kalt und tot empfindet (worüber man streiten könnte, denn menschlich sind sie, ihrem Ursprung nach), der widersetzt sich ihnen, indem er kulturelle Bereiche nennt, zu denen Maschinen keinen Zugang haben. Dabei fällt meistens das Wort Kreativität (neben Worten wie Phantasie, Emotion, Ästhetik). Sicher, in ihrer Funktion als Rechenmaschinen billigt man den elektronischen Geräten keine kreativen Freiräume zu, in ihrem Innern soll dabei nach Möglichkeit alles so ablaufen, wie es der Erfinder vorherbestimmt hat und wie er selbst rechnen würde, hätte er die Zeit dazu. Setzt man die Maschinen aber ein, um Modellwelten in ihnen ablaufen zu lassen, so ist das Interessante gerade das Unvorhergesehene. Der Mensch bestimmt die Bedingungen des Spiels, der Computer führt das Spiel durch und präsentiert überraschende Situationen. Ist es ein Mensch, der Ergebnisse liefert, die über den Auftrag hinausgehen – und über die Phantasie des Auftraggebers –, so nennt man ihn kreativ. Will man also dem Computer im Simulationsexperiment Kreativität absprechen, so muß man sich um die feine Unterscheidung zweier Bedeutungen dieses Wortes bemühen – mit welchem Erfolg, bleibt dahingestellt.

Abstrakte Wirklichkeit

Die Situationen, die auf Computern simuliert werden, sind abstrakte Abbildungen von empirischen Gegebenheiten aus der Physik, der Soziologie etc. Dabei wird jeweils nur ein kleiner Ausschnitt von alledem dargestellt, was man weiß, ein noch viel kleinerer von dem, was man wissen könnte. Die sogenannte Wirklichkeit wird getrimmt, von weiteren Zusammenhängen isoliert, stilisiert. Die Frage, was denn nun die Wirklichkeit eigentlich sei, ob nur das Darstellbare oder das unfaßbare Ganze, in dem alles mit allem zusammenhängt, ist älter als die Computersimulation, stellt sich jetzt aber in einer handgreiflicheren Form. Auch in einer radikal philosophischen Variante: die Vorstellung, daß auch die wirkliche sogenannte Wirklichkeit nichts als eine Simulation sei, auf einer Maschine, die einer anderen Schicht der sogenannten Wirklichkeit angehört, die ihrerseits… Das wurde allerdings bisher nur in Daniel F. Galoyes *Welt am Draht* ausgeführt.

Die Verselbständigung der Mathematik

Während ein Wissenschaftler amüsiert zusehen kann, wenn ihm ein Computer die Entwicklung der Wetterlage oder die Evolution der Lebewesen oder die Schwankungen der Aktienpreise vorsimuliert, vergeht ihm das Lachen, wenn ihm der Computer das aus der Hand nimmt, was bisher als ureigenste Domäne des menschlichen Geistes galt: das Erfinden und korrekte Durchführen von mathematischen Beweisen. Waren es zunächst neue Beweise bekannter Theoreme, zum Beispiel aus der euklidischen Geometrie, die Generationen von Lehrern und Schülern seit der Antike nicht eingefallen waren (und die zum Teil knapper und hübscher sind als die traditionellen), so konnte man die Blamage noch wegstecken, denn was der Computer da produzierte, war immerhin nachvollziehbar. Aber wenn der Computer einen mathematischen Beweis durchführt, der so lang und so kompliziert ist, daß ihn kein Mathematiker je hinschreiben könnte und auch keiner ihn ganz durchschaut, dann zwingt das zum Überdenken des sakrosankten Begriffs des mathematischen Beweises. Was da simuliert wird, ist das Regelsystem der Mathematik oder, wenn man so will, der Geist des Mathematikers, und zwar einer, der die Kapazität aller menschlichen mathematischen Geister übertrifft. Die Verläßlichkeit der Maschinen ist unbestritten, so daß das Ergebnis eines solchen Beweises hingenommen werden muß. Erschütternd ist nur, daß die Verselbständigung der mathematischen Theorie im Computer die bisher anerkannte oberste Instanz der Wahrheitsfindung entthront, das logisch geschulte menschliche Denken.

Peter Puhr-Westerheide

Simulation mit Computern – eine neue Methode zur Analyse schwer zugänglicher Prozesse

Ein uralter Begleiter der Menschheit: die Simulation

Die Menschheit, von der man sagt, sie unterscheide sich von den anderen Lebewesen durch die Fähigkeit zur Selbsterkenntnis, hat seit jenen Zeiten, aus denen ihre ersten Zeugnisse stammen, stets großes Interesse an der Darstellung und dem Nachspielen von wichtigen oder wichtig erscheinenden Vorgängen gehabt.

Metaphysische Themen wurden in kultischen Handlungen gezeigt und bearbeitet; wichtige Tagesthemen, beispielsweise die Jagd, wurden in Tanz und Spiel nachgestellt und in den ältesten uns bekannten Bildern wiedergegeben; vorzeitliche Kinderspielzeuge geben heute Auskunft über den Entwicklungsstand von Technik und Gesellschaft jener Vorfahren, von deren Sprache wir allenfalls eine vage Vorstellung haben.

Aus den erhaltenen Zeugnissen ist deutlich erkennbar, daß die Menschen gewisse Eigenschaften ihrer Realität begriffen oder erahnten und sie in Bildnisse verwandelten, die als Stellvertreter dieser Realität dienten. Es war wichtig, daß diese Stellvertreter ihren Schöpfern zur freien Verfügung standen – sei es, um im Umgang mit ihnen Ängste oder Schmerzen zu bewältigen oder um sich mit ihnen vertraut zu machen und zu lernen, zukünftige Situationen zu bewältigen.

Mit diesem einfachsten Szenario sind bereits die grundlegenden Regeln aller Simulationen erfaßt: Obwohl Wissenschaft und Technik unsere Simulatoren so sehr verändert haben, daß man die rechnergesteuerte Simulation eines Verbrennungsprozesses nur ungern mit einem Büffeltanz der Irokesen vergleichen mag, müssen wir doch eine Ähnlichkeit der zugrundeliegenden Elemente feststellen.

Als Vorläufer der Simulation oder als Simulationsteile im weitesten Sinne können folgende Dinge beziehungsweise Vorgänge aus der Kinderzeit der Menschheit benannt werden:

Abbildungen,
Spielzeug,
Tänze,
Kulte,
später auch Theater.

Mit der Entwicklung der Kultur des Menschen erreichten auch seine Simulationsspiele neue Stufen. Die Abhängigkeit der bäuerlichen Kulturen von der zyklischen Wiederkehr von Wachstum und Reife bei Tieren und Pflanzen verlangte eine möglichst genaue Voraussagbarkeit derjenigen Umweltaspekte, die die wirtschaftlichen Grundlagen am meisten betrafen: Jahreszeit und Wetter. Die Möglichkeit dazu lieferte die Beobachtung des Laufs der Himmelskörper – die ersten Modellvorstellungen von zyklischen Himmelsabläufen entstanden. Wichtiges Hilfsmittel waren dabei die ersten Zählsysteme, deren Regeln festgehalten und weitergegeben werden konnten und die auch anderen als nur ihren Schöpfern einsichtig waren.

Die Megalith-Kulturen kannten bereits Kalender; nach Ansicht etlicher Wissenschaftler bestand beispielsweise ein Zweck des großen kreisförmigen Megalith-Bauwerks in Stonehenge/Großbritannien in der Beobachtung von Himmelskörpern, um den Jahreszyklus zu vermessen. Das erste mechanische Modell der Himmelsbewegungen, von dem wir wissen, stammt aus dem griechischen Kulturkreis; seine bronzenen Bruchstücke wurden zu Beginn unseres Jahrhunderts bei Antikythera im ägäischen Meer gefunden (1). Ein zweites, weniger friedliches Anwendungsgebiet für Simulationen erwuchs aus der Kriegführung: Szenarien von Auseinandersetzungen wurden im Vorfeld der zu erwartenden Ereignisse durchgespielt und analysiert.

Mit der Schaffung der Schriften und der Herstellung dauerhafter Schriftträger beschleunigte sich in der Periode vor der Zeitwende die Entwicklung der Wissenschaft: Nun war es mehr Individuen möglich, sich den Kenntnisstand der Vorfahren rasch anzueignen und, darauf aufbauend, die eigenen Vorstellungen weiterzuentwickeln.

Schon in der ägyptischen und phönizischen Kultur finden wir erste Ansätze der Entwicklung von Naturwissenschaft und Technik in einer Form, die der heutigen vergleichbar ist. Zeitgleich entstanden in fast allen seefahrenden Kulturen veränderbare Modelle des Erd- und Himmelskreises, die allerdings noch weitgehend statischen Charakter besaßen. Die heute üblichen Kalender- und Tageszeiteinteilungen reichen ebenfalls bis zu den Phöniziern zurück.

Die nachrömische Zeit ist in bezug auf Naturwissenschaft und Technik zunächst durch die Konsolidierung der Basis und die Erarbeitung weiterer Grundlagen gekennzeichnet. So hat man zum Beispiel von den Arabern ein konsistentes Zahlensystem übernommen.

Die Entdeckung der Neuen Welt ging mit einem enormen Aufschwung der Feinmechanik einher, da präzise Uhren, Himmelsbeobachtungsgeräte und Kompasse zur Ortsbestimmung auf Schiffen unabdingbar waren. Auf dem Festland wurden gleichzeitig die ersten stationären Himmelssimulatoren gebaut, die den Lauf der Gestirne, einschließlich singulärer Ereignisse wie Sonnen- und Mondfinsternissen, in bisher ungekannter Präzision und für beliebige Zeiträume vorführen konnten, und dies, wie man heute sagen würde, benutzerfreundlich, da die Darstellung auch ein Vergnügen für Augen und Ohren war, in heutiger Diktion multimedial. Ein bekanntes Beispiel für einen solchen Simulator ist die astronomische Uhr des Straßburger Münsters (Abb. 1).

Nun begannen sich die Ereignisse in der Entwicklung von Simulatoren und Simulationstechniken zu überschlagen – ein Fortschritt regte den nächsten an: Die Notwendigkeit, Hilfsmittel für die Navigation zu schaffen, leitete die Entwicklung feinmechanischer Maschinen ein, die die nautischen Tafeln mit weniger Fehlern berechnen und drucken sollten, als dies von Hand geschehen konnte. Das war die Phase der Geburt der Rechenmaschinen: Ihre ersten Vertreter sind nichts anderes als Simulatoren der arithmetischen Regeln (Abb. 2).

Der rasante Aufschwung der Technik im 19. Jahrhundert beruhte hauptsächlich auf zwei Umständen: Auf der theoretischen Seite war das Gebäude der Naturwissenschaften, allen voran Mathematik und Physik, inzwischen weit ausgebaut worden, und zum anderen brachte die systematische Erschließung von Energiequellen – Dampf, elektrischer Strom – es mit sich, daß Kräfte an (fast) beliebigen Stellen entfesselt und nutzbar gemacht werden konnten.

Der erfolgreiche Übergang von den mechanistischen Techniken zu den elektronischen hat unter anderem seine Wurzel in der Tatsache, daß Elektronen nur $1/1836$ der Masse des Protons besitzen, so daß, um es salopp zu formulieren, ein Elektronenabbild eines Sachverhalts wesentlich leichter zu ändern ist als ein Abbild aus ganzen Molekülen. Die Entwicklung des Know-how zur Verwaltung von Elektronen ist das

Abb. 1: Die astronomische Uhr des Straßburger Münsters

Abb. 2: Rechenmaschine von Charles Babbage, 1832

Verdienst der Festkörpertechnik der letzten fünfzig Jahre mit ihren mikrolithographischen Verfahren.

Neuland war auch die logische Gestaltung der dynamischen Organisation im Umgang mit Informationsmengen etwa in der Größenordnung von 10 Milliarden oder mehr Einheiten (Bits). Das sind so viele Sandkörner wie in zwei Händen voll feinem Sand; wesentlich mehr, als Buchstaben in einem zehnbändigen Nachschlagewerk enthalten sind.

Simulatoren, die keine Unikate mehr waren – wenngleich man sie auch nicht gerade als Massenprodukte bezeichnen konnte –, wurden zunächst in analoger (nichtdigitaler) Technik konzipiert und kamen zum Beispiel in der Luftfahrt bei der Schulung von Piloten zum Einsatz. Heute produziert die Firma Hughes Aircraft einen Flugsimulator, der mit seinen rund zwanzig Sitzplätzen in einen Lastwagenanhänger eingebaut ist und in dem man einen simulierten Senkrechtstarter-Flug von drei Minuten Länge miterleben kann: Wem von der Schüttelei übel wird, der kann über seinem Sitzplatz einen Nothaltknopf betätigen.

Die Computer haben die Simulationstechniken zu neuen Höhen geführt. Ihre Verwendung bei der Vorbereitung extraterrestrischer Vorhaben (etwa bei der Mondfahrt) löste einen zusätzlichen Innovationsschub aus. Viele Impulse kamen zudem aus der Militärtechnik, wie die Bilder vom Krieg gegen den Irak der Weltöffentlichkeit eindrucksvoll vor Augen führten.

Die aktuellsten Schlagwörter der Simulationstechniken sind Multimedia und Cyberspace, die möglichst realistische und interaktive Darstellung von Information mittels bewegter (animierter) Bilder und naturgetreuer Klänge sowie Simulationstechniken, die kybernetische Raumabbildungen erzeugen, von denen die menschlichen Sinnesorgane (zur Zeit Auge, Ohr und Tastsinn) mehr oder weniger perfekt getäuscht werden. Datenhandschuhe und Augenbewegungen erlauben es, durch eigene Aktion und eigenen Willen zu intervenieren.

Die Bestandteile einer Simulation

Eine Simulation ist nichts anderes als ein Spiel, das nach bestimmten Regeln abläuft und mit dazu geschaffenen Vorrichtungen betrieben wird. (Die Geräte und Programme, in denen Simulationen ablaufen, nenne ich hier Simulatoren.) Das Spiel verläuft mit der Zeit und endet unter bestimmten Bedingungen. Seine Eigenschaften lassen sich in die folgenden sieben Stichpunkte gliedern (Abb. 3):

1. Festlegung des Simulationszwecks

Simulationen können sehr verschiedene Zwecke haben. Simulationen in Wirtschaft und Wissenschaft sollen häufig exakte quantitative Ergebnisse erbringen; sie müssen deshalb anders angelegt werden als Simulationen, die als Lehrmaterial oder zur Unterhaltung dienen. In der Unterhaltungsindustrie haben Computerspiele und Spielkonsolen heute bereits ein Wirtschaftsvolumen erreicht, an das die meisten wissenschaftlichen Simulationen nie herankommen werden.

2. Auswahl des Wirklichkeitsausschnitts

Der Zweck einer Simulation bestimmt, wie man bei ihrer Ausgestaltung die zu simulierende Realität betrachtet: Man muß die Aspekte, die simuliert werden sollen, auswählen. Sie bestimmen den Rahmen (Sandkasten) der Simulation. Entscheidend ist hierbei unter anderem, in welchem Maße man diese Aspekte verstanden hat. Sind manche von ihnen nur ungenügend bekannt, dann müssen Annahmen über sie getroffen werden, wodurch die Ergebnisse der Simulation natürlich weniger zuverlässig ausfallen. Auch bei gut verstandenen Aspekten können aus anderen (zum Beispiel wirtschaftlichen) Gesichtspunkten Vereinfachungen angebracht sein.

3. Festlegung der Modelle

Die Eigenschaften der Aspekte werden in ein Modell – oder auch mehrere – transformiert. Die Modelle dienen als Abbilder der Realität. Ihre Eigenschaften sollen den zu simulierenden Eigenschaften der Realität ausreichend ähnlich sein. Es gibt Modelle mit einem eher operationalen Charakter (zum Beispiel ein Globus, der von einem Uhrwerk betrieben und von außen von einer Lampe beleuchtet wird, zur Simulation des zeitlichen Verlaufs der Sonnenlichteinwirkung auf die Erde) und Modelle, die einen mehr enzyklopädischen Charakter haben (zum Beispiel die Ermittlung von Wasserhöhen bei Ebbe und Flut durch das Nachschlagen in Tidentafeln). Das universelle Werkzeug zur Schaffung der Modelle und zu ihrer Ausführung ist heute der Computer.

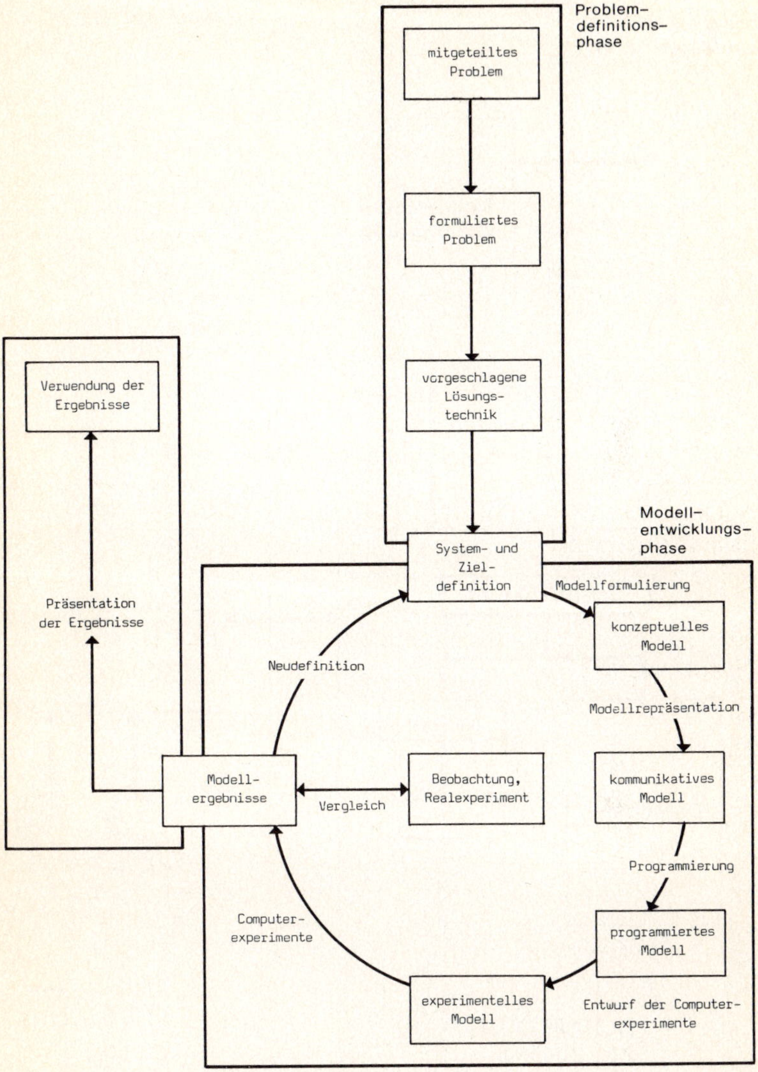

Abb. 3: Simulationszyklus (nach Overstreet/Nance 1985)

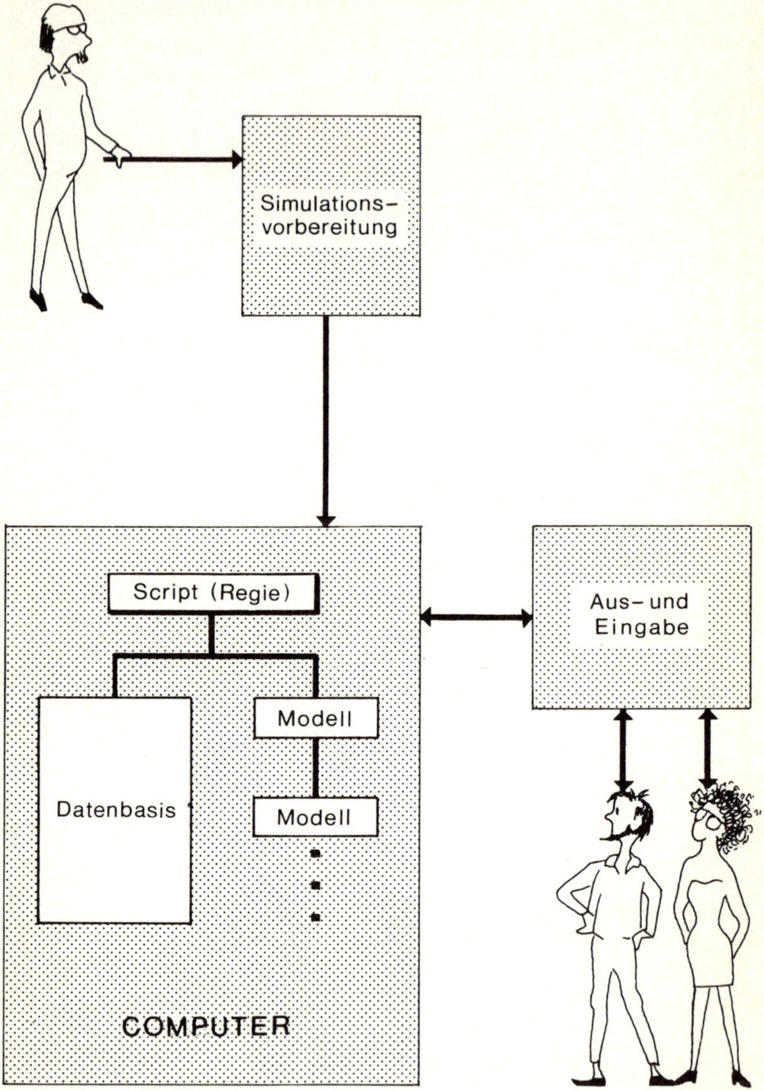

Abb. 4: Interaktiver Simulator

4. Festlegung der Interaktionen
Viele der heutigen Simulatoren erlauben eine aktive Einflußnahme auf den Ablauf während der Durchführung der Simulation (Abb. 4). Art und Umfang solcher Einflußnahmen müssen für eine Simulation festgelegt werden: Dies ist die Definition der Schnittstellen für die Interaktion mit der Außenwelt.

5. Festlegung der Ergebnisgrößen
Es muß festgelegt werden, welche Größen die Simulation verlassen können, das heißt den Personen, die den Simulator benutzen, zugänglich gemacht werden, und somit die Ergebnisse bilden: Dies ist die Definition der Schnittstellen für Teilergebnisse und Ergebnisse.

6. Präsentation der Ergebnisse
Obwohl die Präsentation der Ergebnisse strenggenommen nicht Bestandteil der eigentlichen Simulation ist, macht gerade sie einen großen Teil des Reizes heutiger Simulationssysteme aus: Die modernen optischen, akustischen und bewegten Ausgabesysteme täuschen dem Benutzer die Realität ähnlicher vor denn je.

7. Regie
Zu den heutigen großen Simulationssystemen gehört auch der Bereich Regie. Bei vielen ganzheitlichen Simulationen gibt es eine eigene Ebene zum Betrieb und zur Konfiguration des Simulators. Auf dieser Ebene werden zum Beispiel die Modelle während der Laufzeit in Abhängigkeit vom Zustand der Simulation geändert, Eingaben und Zwischenzustände werden auf Stichhaltigkeit geprüft, und gegebenenfalls ist es sinnvoll, zu einem früheren Zeitpunkt des Simulationsablaufs zurückzugehen, um auch Spielarten mit anderen Parametern durchlaufen zu lassen.

Natürlich sind zur Durchführung einer Simulation noch viele weitere Probleme zu lösen, etwa die Validierung der gewählten Anordnung, zum Beispiel durch Konsistenzchecks und Plausibilitätsausgaben. Dies kann an anderer Stelle nachgelesen werden (2).

Mit der Simulation zu neuen Erkenntnissen

Die Miniaturisierung und die Schaffung preiswerter und sehr leistungsfähiger Computer, die Fortschritte in der Meßtechnik und nicht zuletzt die weltweite Vernetzung der Datenbanken haben die besten Voraussetzungen für die Blüte von Simulationssystemen geschaffen – der Werkzeugkasten für Simulationen ist komfortabel ausgestattet und steht bereit.

Nun können Probleme angegangen werden, die bisher der Beobachtung verschlossen waren. Ein Verfahren, das jetzt in den Vordergrund tritt, ist das Schließen von lokalen Gegebenheiten auf das globale Verhalten eines Systems. Man kennt eine Klasse von Problemen, deren Gesetzmäßigkeiten im Kleinen bekannt sind und bei deren Hochrechnung auf das Gesamtsystem richtige Ergebnisse erzielt werden – aber es gibt keine geschlossenen Lösungsverfahren. Deshalb muß die Hochrechnung, ausgehend von vorgegebenen Startwerten, auf mühsame Weise so durchgeführt werden, daß die Resultate der Berechnung eines kleinen Bereichs an dessen Nachbarn weitergegeben und hier erneut ausgewertet werden, bis alle Nachbarn und deren Nachbarn usw. einbezogen sind – am Ende hat man das Gesamtsystem erfaßt. Diese Aufgabe kann sehr viele und sehr aufwendige Rechenoperationen erfordern – eine typische Aufgabe für die modernen Computer.

Das geschilderte Prinzip der Weitergabe (Propagation) der Teilergebnisse von lokalen Einheiten an deren Nachbarn hat eine sehr große Tragweite und beschränkt sich nicht etwa auf räumliche Systeme (wie Kräfte in Betondecken oder Temperaturen in Feuersäulen oder Meeresbecken) oder auf raumzeitliche Abhängigkeiten; die Nachbarn können durch beliebige und auch wechselnde Zusammenhänge definiert werden, wie etwa durch die Beziehung von Ursache und Wirkung. Das Propagationsprinzip ist ein sehr wichtiges Werkzeug im Bereich der künstlichen Intelligenz und der Expertensysteme.

Die Technik hat für einen qualitativen Sprung bei den Simulationen gesorgt: Erstmalig konnten auch Systeme simuliert werden, über die man bisher auf andere Weise keine Kenntnisse erlangen konnte – sei es, daß sie zu groß sind oder daß Teile von ihnen nicht oder nur mit großem Risiko oder hohem Aufwand beobachtet werden können. In der Folge der Technik und der angewandten Mathematik entwickelt sich nun auch die reine Mathematik weiter, beschäftigt sich etwa mit der

Frage der Lösbarkeit von Problemen für Gesamtsysteme. Die ins Gespräch gekommene Chaostheorie befaßt sich zum Beispiel mit der Nichtaufzählbarkeit der Lösungen für komplexe Systeme auch bei gegebenen Randbedingungen.

Besonders auf dem Gebiet der Prognose, das heißt des Weiterschließens von jetzigen auf künftige Gegebenheiten, werden Simulationen angewendet. Natürlich kann jede Simulation nur soviel leisten, wie in den Modellen an Regeln berücksichtigt ist – von globalen Sachverhalten müssen also mindestens lokale Regeln bekannt sein. Ein Beispiel dafür, daß lokale Regeln globale Sachverhalte bestimmen, ist das Spiel «Life», bei dem Populationen von Bildpunkten erzeugt und verworfen werden. Auf dem Bildschirm entwickeln und verändern sich einfache Muster, die – wie Organismen im wirklichen Leben – geboren werden, wachsen oder sterben, je nach ihren «Lebensbedingungen».

In den siebziger Jahren hatte die Simulation bereits ihren festen Platz bei der Gestaltung von industriellen Produktionsprozessen, um etwa die verschiedenen Strategien der Logistik (zum Beispiel die Minimierung der Lagerhaltung) zu untersuchen. Mit den erarbeiteten Methoden wendete man sich alsbald auch ehrgeizigeren Zielen zu, etwa der Analyse und der Prognose des Weltenergieverbrauchs. Hierbei wurden verschiedene Annahmen über den zu erwartenden Verlauf aus dem Verbrauch der Einzelenergien in der Vergangenheit hochgerechnet. Ein wichtiger Parameter bei diesen Berechnungen war der Energiepreis. Um verschiedene Auswirkungen zu erproben, wurden beispielsweise die Preisrelationen zwischen den Primärenergieträgern verschoben: Ein Simulationsverlauf beispielsweise zeigte für ein bestimmtes Szenarium den Verbrauchsverlauf bei geringem Ölpreis, ein anderer bei niedrigem Erdgaspreis.

Auch die Umweltforschung kam nun zum Zuge. Seit der Club of Rome Mitte der siebziger Jahre die Weltöffentlichkeit für die Diskussion ökologischer Probleme sensibilisiert hatte, wurden mehr und mehr Umweltsimulationen durchgeführt. Simulationen sind tragender Bestandteil der Klimaforschung. Gerade hier ist man wegen der vielen Einflußgrößen ganz auf die Leistungsfähigkeit der modernen Computer angewiesen; sie ist auch häufig das begrenzende Element der Untersuchungen.

Erst jetzt können die Klimasimulationen auch den Einfluß der Meere als Wärmespeicher und -transporteure untersuchen. Wegen fehlender

Rechenkapazität der Computer konnten früher nur Meereszonen bis zu einer Tiefe von einem halben Meter berücksichtigt werden.

Aus bekannten und vermuteten Stoffeigenschaften im unzugänglichen Erdinnern schließen Wissenschaftler per Simulation auf Phänomene wie Vulkanismus und Erdbeben. Die Simulationstechniken werden mit der Auswertung von Daten aus jedem neuen Erdbeben verbessert. Die Untersuchung der Fortpflanzung von Schockwellen in Himmelskörpern bleibt dabei nicht auf die Erde beschränkt: Auch für den Mond und für den Planeten Jupiter gibt es entsprechende Simulationen.

Die Simulation des menschlichen Organismus für Forschung und Lehre wird zur Zeit in den USA vorbereitet. Der Körper eines Toten wurde dazu mittels der Kernspinresonanztomographie und röntgenologisch vermessen, danach eingefroren und mechanisch in Einzelschnitte zerlegt. Alle mechanischen und tomographischen Auswertungen und Aufnahmen werden vom Computer gespeichert und zu dreidimensionalen Bildern zusammengesetzt. Medizinstudenten sollen dann an Simulatoren, die diese Modelldaten verwenden, ausgebildet werden.

Da das Auto in den Industriestaaten eine so herausragende Stellung hat, werden in der Automobilindustrie besonders viele Simulationen durchgeführt. Vor allem möchte man natürlich den schwierigen Weg vom Entwurf zum Produkt verkürzen und preiswerter gestalten. Mit sogenannten CAD-Werkzeugen (CAD = Computer Aided Design) lassen sich die Entwürfe sehr viel schneller gestalten. Um dann die Form von Bauteilen in der Realität prüfen zu können, gibt es bereits Systeme, die automatisch Modelle nach CAD-Entwürfen anfertigen, zum Beispiel indem in einer Plastikschmelze durch einen gesteuerten Laserstrahl Schichten ausgehärtet werden oder indem rechnergesteuerte Drehmaschinen Teile aus einem Material schneiden.

Die Suche nach dem umweltverträglicheren Auto hat dazu geführt, daß Heerscharen von Ingenieuren den Verbrennungsprozeß im Benzinmotor untersuchen. Leider erlauben Druck, Temperatur und Verbrennungsgeschwindigkeit keine einfache Messung der Vorgänge im Motor, schon gar nicht, wenn man an vielen Volumenpunkten gleichzeitig messen will. Die Simulation hilft hier weiter – sie kann die Verbrennungsvorgänge zeitlich und volumenmäßig auflösen. So entstand der erste in Serie produzierte Direkteinspritz-Dieselmotor mit Hilfe von Simulationsberechnungen. Er zeichnet sich durch eine saubere Verbrennung und geringen Kraftstoffverbrauch aus. Für die Konstruktion von

Autofahrwerken existieren schon Simulatoren, die, aufbauend auf deren CAD-Entwürfen, das Fahrverhalten simulieren und auswerten können, bevor ein solches Fahrwerk gebaut wird.

Auch in der Sicherheitstechnik hat die Simulation einen festen Platz. Großtechnische Prozesse in der Chemie und Kerntechnik werden simuliert, um die Operateure zu trainieren und sicherheitstechnische Untersuchungen durchzuführen. Dabei werden natürlich vor allem kritische Betriebszustände untersucht, deren Eintreten in einer existierenden Anlage eine Gefahr für Gesundheit, Umwelt und Sachwerte bedeuten würde. In der Kernreaktortechnik werden Simulatoren eingesetzt, die Modelle des Primärkreislaufs und des Sicherheitseinschlusses (Containment) mit ihren thermohydraulischen Differentialgleichungssystemen durchrechnen. Damit lassen sich zum Beispiel unterschiedliche Kühlmittelverluste der Anlage und ihre Auswirkungen simulieren; auf diese Art konnte man etwa den Three-Mile-Island-Störfall in den USA in den achtziger Jahren nachträglich untersuchen. Die Simulationsergebnisse werden dabei auf Bildschirmen dargestellt, und die Benutzer können per Mausklick verschiedene Bedienelemente betätigen (zum Beispiel Ventile öffnen oder schließen), wodurch der Fortgang der Simulation beeinflußt wird.

Für die Modellierung der Sicherheit technischer Anlagen wurde ein eigenes theoretisches Verfahren entwickelt (PSA = Probabilistische Sicherheitsanalyse). Bei diesem Verfahren wird die Gesamtanlage zum Beispiel mit Hilfe der «Besteht-aus»-Relation in einzelne Komponenten zerlegt («Ein Flugzeug besteht aus Rumpf, Tragflächen, Leitwerk, Motoren und Fahrwerk. Der Rumpf besteht aus...» usw.), bis der gewünschte Detailgrad erreicht ist. Allen Komponenten wird eine Ausfallwahrscheinlichkeit zugeordnet, die aus der Praxis bekannt ist oder gemessen werden muß («Die Batterie ist im Mittel einmal pro Wintersaison leer»). Mit dem weiter oben geschilderten Verfahren der Propagation von lokaler Information über alle Nachbarn kann auf diese Art eine mittlere Wahrscheinlichkeit für den Ausfall des Gesamtsystems errechnet werden. Ein Beispiel: Mit den gegebenen Ausfallwahrscheinlichkeiten der Komponenten errechnet man eine Ausfallwahrscheinlichkeit für das Gesamtsystem von 10^{-6} pro Anforderung; mit anderen Worten: Bei im Mittel jedem einmillionsten Flug ist mit dem Verlust der Maschine zu rechnen.

Bei Sicherheitssimulationen kann man nun die Ausfallwahrscheinlichkeiten der Komponenten variieren und überprüfen, wie sich dabei die Sicherheit des Gesamtsystems ändert. Auf diese Weise lassen sich Schwachstellen in technischen Systemen ermitteln (Sensitivitätsanalyse) oder Strategien für Reparaturen von Komponenten angeben, so daß die Sicherheit des Gesamtsystems nicht unter eine bestimmte Grenze absinkt. Natürlich gilt auch hier: Wurde bei der Zerlegung des Systems in Komponenten etwas vergessen, kann auch die Simulation den fehlenden Zusammenhang niemals erkennen. Wie auch in anderen technischen Bereichen sind es besonders die Auslassungen, die sich fatal auswirken können.

Simulationen bergen natürlich – im Gegensatz zur realen Beobachtung – mehr Fehlermöglichkeiten in sich. Besonders bekannt ist ein Fehler, der in der Fachwelt als Fehler dritter Art bezeichnet wird: «Sie haben das falsche Problem gelöst!» Angesichts der vielen Fallen, in die man beim Simulieren tappen kann, sollte man jedoch nicht resignieren: Gelegentlich spiegeln die Simulationsergebnisse tatsächlich einen Ausschnitt der Wirklichkeit wider. Während meines Studiums sah ich im Elektronenmikroskop-Labor ein Schild, das auch auf die Simulationstechniken zutrifft: «Note: not all you see is an artifact – Bedenken Sie: Nicht alles, was Sie sehen, ist künstlich.»

Auch in den Medien gehören Simulationen mittlerweile zum Tagesgeschäft. Als Mitte Juli 1994 die Bruchstücke des geborstenen Meteors *Shoemaker* in den Planeten Jupiter rasten, wurden in mehreren Fernsehsendungen die wenigen authentischen Bilder durch weiteres Bildmaterial ergänzt, das (zum Teil schlechte) Computersimulationen erzeugten. Leider wurde dem Zuschauer häufig vorenthalten, welches Bildmaterial echt und welches künstlich war. Für mich ist das ein Zeichen dafür, daß sich die Trennungslinie zwischen Realität und Simulation weiter verwischen wird.

Ich hoffe nur, daß der amerikanische Soziologe Marshal McLuhan mit seinem Satz «The medium is the message – Das Medium ist die Nachricht» nicht recht behält.

Referenzen:

(1) Frazer, J. T.: *Die Zeit*, München 1991
(2) Liebl, F.: *Simulation*, München 1992
(3) Overstreet, C. M., Nance, R. E.: A Specification Language to Assist in Analysis of Discrete Event Simulation Models, CACM Vol. 28, 2, 1985, S. 180–189
(4) Keller, P. R. und Keller, M. M.: *Visual Cues*, IEEE Computer Society Press, Greenwich 1993

Giuseppe O. Longo

Die Simulation bei Mensch und Maschine

Der Computer ist der Proteus der Maschinen.
Sein Wesen ist die Universalität,
seine Macht die Fähigkeit zur Simulation.
Weil er tausend Formen annehmen kann
und tausend Funktionen ausführt,
kann er tausendfach gefallen.

SEYMOUR PAPERT

Einleitung

Wenn man von Simulation spricht, meint man Verfahren, die ihre Verwirklichung weniger in der Welt der Materie und Energie finden als vielmehr in der Welt der Information. Die Simulation wird also vor allem in jener «geistigen» Sphäre verwirklicht, die heute am Schnittpunkt vieler und unterschiedlicher Interessen und Disziplinen steht und in der es um Begriffe wie Bedeutung, Struktur, Form und Relation geht. Deshalb ist es wichtig, zumindest etwas über die Eigenschaften der Welt der Information (oder des Geistes) zu wissen, die so anders sind als jene, die für die physikalische Welt typisch sind.

Im folgenden werde ich mich implizit oder explizit auf die künstliche Intelligenz (KI) beziehen, also auf jenes Wissenschaftsgebiet, dessen Ziel es vor allem ist, menschliche Intelligenz zu erforschen und sie in einem künstlichen Umfeld, beispielsweise einem Computerprogramm, zu reproduzieren (oder eben zu simulieren).

Die Welt der Information

Der Fortschritt der Zivilisation steht im Zeichen einer unaufhörlichen Weiterentwicklung der Kommunikationsfähigkeit, ja die ganze biologische Evolution ist gekennzeichnet durch den immer stärkeren und umfassenderen Austausch von Information. Dennoch wurde die Welt der Kommunikation mit all ihren komplexen Facetten erst um die Mitte unseres Jahrhunderts ausdrücklich wahrgenommen. Bis dahin stand die Information aufgrund ihres körperlosen und flüchtigen Wesens ein wenig am Rand der kollektiven Aufmerksamkeit; man hatte nur äußerliche, wenn auch sicherlich nicht unwichtige Aspekte betrachtet, beispielsweise die Tätigkeit der Medien. Auch was den theoretischen Rahmen betraf, zeigte sich ein sonderbarer Gegensatz zwischen den hochentwickelten Theorien der Materie und Energie sowie der Dürftigkeit der Gedanken zu Information, Bedeutung, Erkenntnis.

Es ist vor allem Claude Shannon und Norbert Wiener zu verdanken, wenn die Beschäftigung mit dem Begriff der Information, der bis dahin noch recht vage, wenn nicht gar mißverständlich war, 1948 den Status einer formalen Disziplin erhielt. Ungeachtet der offensichtlichen Grenzen, die quantitativen Formulierungen gesetzt sind (und die Überlegungen von Shannon und Wiener hatten noch dazu eine stark reduktionistische Tendenz), führte die Begegnung von Mathematik, Technik, der in den Kinderschuhen steckenden Informationswissenschaft und der Welt der Kommunikation zu vielfältigen Ergebnissen. In wenigen Jahren entstanden und entwickelten sich Bereiche wie die Informationswissenschaft, die Regelungstechnik und Kontrolltheorie sowie die Kybernetik; zu ihnen gesellte sich gegen Ende der fünfziger Jahre nicht nur die seltsame und heterogene Disziplin, die unter dem Namen künstliche Intelligenz bekannt wurde, sondern auch eine Art allgemeiner Informationstheorie. In ihr kamen recht unterschiedliche Zuständigkeitsbereiche und Interessen zusammen, und so entwickelte sich allmählich der ganze Reichtum der Welt der Kommunikation und beeinflußte auch eher entfernte Disziplinen wie Psychologie, Erkenntnistheorie und Linguistik. Man begann also zu begreifen, daß es neben der Welt der Physik, der Welt der Kräfte, Massen und Stöße, eine Welt der Struktur, der Form, der Organisation und der Bedeutung gibt, eine Welt, die anderen – und sehr überraschenden – Gesetzen unterliegt als den physikalischen.

Zur allgemeinen Informationstheorie lieferte der einzigartige «anti-wissenschaftliche» Wissenschaftler Gregory Bateson wichtige Beiträge, die noch keineswegs alle völlig verstanden sind. Wir verdanken ihm insbesondere die Einsicht in das relative oder besser relationale Wesen der Information, worauf ich zurückkommen werde. Bateson folgte den Gnostikern und Carl Gustav Jung, als er vorschlug, die Welt der Materie und ihre Wechselwirkungen *pleroma* zu nennen und die Welt der Information und ihrer Struktur *creatura*. In der *pleroma* herrscht im wesentlichen die Undurchschaubarkeit und Undifferenziertheit der *hyle*, während in der *creatura* die ordnende Tätigkeit des Menschen die Dinge kennzeichnet und klassifiziert, ihnen Namen gibt und Gesetze und Unterscheidungen einführt. Während in der *pleroma* ein Ding nur sich selbst darzustellen vermag, kann in der *creatura* jedes Ding auch jedes andere darstellen; so ergeben sich Symbolzeichen, die, indem sie Perspektiven eröffnen, die übervoll sind mit Bedeutung, in einem komplizierten Geflecht von Syntax und Semantik jede Art von Sprachspiel zulassen. Die Bedeutung eines Dings ist diesem nicht inhärent, sondern wird ihm durch das symbolische Handeln von Lebewesen, vor allem den Menschen, zugeschrieben. In diesem Sinne ist die Bezeichnung *creatura* gerechtfertigt, denn diese Welt wird durch den Akt des Verstehens und durch die Sprache *erschaffen*.

In der *creatura*, dem Bereich der Information, gibt es keine Erhaltungsgesetze. Wenn sich die Zahl der Kommunizierenden vergrößert, wird die Information nicht aufgeteilt, sondern vervielfacht. Selbst Mangel an Information kann Information sein: Eine Antwort, die nicht gegeben wird, kann sogar eine heftige Reaktion auslösen, weil null etwas anderes ist als eins und deshalb auch eine Ursache sein kann. Man bemerke, daß auch die Gleichheit einen Unterschied hergibt, weil Gleichheit etwas anderes ist als Verschiedenheit. Die Information liegt im Unterschied; die Einheit der Information läßt sich definieren als «kleinster Unterschied, der etwas bewirken kann». Die Kommunikationskanäle dienen dazu, die Unterschiede in der Zeit oder im Raum zu übermitteln, zu transformieren und zu kodifizieren.

Das für die *creatura* typische Phänomen einer Reaktion auf eine ausbleibende Handlung erklärt sich, wenn man bedenkt, daß die *creatura* die Welt der Lebewesen ist, insbesondere die des Menschen. Der Metabolismus ermöglicht es Lebewesen, Energie anzusammeln, die im allgemeinen (aber nicht zwangsläufig) durch einen Reiz freigesetzt wird.

Die abgegebene Energiemenge kann dabei durchaus größer sein als der auslösende Reiz. Gewöhnlich hängt die Reaktion vom Kontext ab, für den neben anderen interessierten Lebewesen und dem auslösenden Reiz auch viele andere Komponenten eine Rolle spielen. Dieselbe Schallenergie kann in Verbindung mit einem Wort völlig verschiedene Reaktionen hervorrufen: eine freundliche Antwort, einen erstaunten Blick, absolute Verständnislosigkeit oder einen Wutanfall, und das je nach der Vorgeschichte des Hörers, seiner Beziehung zum Sprecher, seinem Gemütszustand, der Sprache, aus der das Wort stammt, und so weiter. Die Information bezieht sich also auf den Empfänger und hängt von seiner Beziehung zum Sender und von seiner materiellen Beschaffenheit ab.

Wenn wir zum Beispiel einem Stein einen Fußtritt geben, bewegt er sich nach den Gesetzen der Mechanik; wenn wir hingegen einen Hund treten, kann dieser uns angreifen, wobei er nicht die im Tritt, sondern die in seinem Metabolismus gespeicherte Energie nutzt. Der Fußtritt kann dazu führen, daß sich auch der Hund entsprechend den Gesetzen der Mechanik bewegt, aber dieser Aspekt seines Verhaltens interessiert höchstens in Sonderfällen. Daran, wie wichtig der Parameter «Interesse» ist, zeigt sich erneut, wie fundamental sich Information auf den Beobachter, den Empfänger der Information, bezieht: Dieselbe Informationsquelle bewirkt bei verschiedenen Beobachtern Verschiedenes. Im Grenzfall kann sogar Interesse an der «Kreation» einer Quelle bestehen, die zuvor nicht einmal als solche wahrgenommen wurde.

An diesem Punkt ist die Klarstellung angebracht, daß der Dualismus zwischen der Welt der Materie und der Welt der Information, der aus diesen Überlegungen zu folgen scheint, genaugenommen keinen echten Dualismus widerspiegelt, sondern mit einem allerstrengsten Monismus verträglich ist, ja ihn sogar fordert. Der Dualismus zwischen *creatura* und *pleroma* ist die Frucht einer Abstraktion und vergleichbar mit dem Dualismus von Information und ihren materiellen Grundlagen. Die Information kann nicht ohne materiellen Träger existieren und ist dieser stofflichen Grundlage immanent; sie läßt sich von ihr nur durch eine begriffliche Operation abstrahieren. Aber zugleich ist die Information nicht auf ihre stofflichen Grundlagen reduzierbar: Diese fundamentale Irreduzibilität wird unter anderem durch die Möglichkeit der Kodifizierung deutlich, also durch die Möglichkeit, die Information zu bewahren, auch wenn die materiellen Träger beliebig abgeändert werden.

Die Information steckt in der komplexen und flüchtigen Beziehung zwischen einem veränderlichen Träger und dem Beobachter. In dieser Beziehung scheinen sich die Prämissen einer neuartigen Erkenntnistheorie abzuzeichnen, die sich als untrennbar von der Ontologie erweisen könnte. Die *pleroma* ist die Grundlage der *creatura*.

In der *pleroma* steckt keine Information (*pleroma* stammt von dem griechischen Wort für «voll», meint also «unterschiedslos»), obwohl sie die Ursache aller möglichen Unterschiede und somit die Quelle aller möglichen Information ist. Die Struktur der *pleroma* an sich kann die Ereignisse, die den Menschen als soziales und kulturelles Wesen interessieren, nicht angemessen erklären. Je nach Art der Beschreibung und der Interessen des Empfängers findet sich zwischen den vielfältigen Schichten möglicher Beschreibungen gewöhnlich eine Beschreibung (oder besser gesagt, wir lassen dort eine Beschreibung entstehen), die sich spontan anbietet und ganz von selbst unsere Aufmerksamkeit erregt und sich den anderen gegenüber durchsetzt, weil sie nicht mehr und nicht weniger enthält als das, was unseren Bedürfnissen und unseren Erwartungen entspricht. Darin zeigt sich ein konstruktiver Charakter der geistigen Aktivität: Die *creatura* entsteht in der Begegnung von Beobachter und *pleroma*, also in der im umfassenden Sinn kognitiven Wechselwirkung zwischen Beobachter und *pleroma*. Die *pleroma* scheint sich mit dem «Ding an sich» Kants zu identifizieren und weicht in eine rational kaum faßbare Zone aus, von der aus sie sich jedoch unaufhörlich einmischt und unser gesamtes bewußtes Handeln zu lenken und zu regeln versucht. Man beginnt so zu verstehen, warum die Konstruktion der *creatura* untrennbar ist vom Wesen der *pleroma* und somit die Gnoseologie abhängig von der Ontologie (aber auf diese Untrennbarkeit, für die der Mensch die zentrale Rolle spielt, kommen wir noch zurück). Da wir wenig über die *pleroma* an sich wissen können, läßt sich nicht leicht bestimmen, wo die Grenzen zwischen *pleroma* und *creatura* verlaufen und ob sie fest oder fließend sind. Jedenfalls können wir anscheinend sagen, daß die Erkenntnistätigkeit den Menschen zumindest zum Teil in diesen problematischen Übergangsbereich versetzt. Es ist sogar gerade die Existenz des Menschen selbst, die, weil sie Gegenstand der Erkenntnis ist, die *pleroma* zur Quelle der Erkenntnis und die *creatura* zum Sitz aller Erkenntnis macht.

Wie eine halbdurchlässige Membran filtert der Mensch aus der *creatura* kodifizierte Teile der *pleroma* heraus: Seine fortwährende Erkenntnistätigkeit besteht darin, in der *creatura* Karten der *pleroma* zu konstruieren (oder Karten der *creatura* selbst, die dann Karten zweiter Ordnung sind). Die Konstruktion dieser Karten wird immer durch die Bedürfnisse, Interessen und die Ziele des Individuums geleitet, durch seine Möglichkeiten begrenzt und gebunden. Die Karten werden dann dazu benutzt, die Ziele in der realen Umwelt zu verfolgen (oder um ihr Erreichen in einer geistigen Umwelt zu simulieren); das beschreibt einen Kreis, der sich, vom pragmatisch Nützlichen ausgehend, schließt, nachdem er mehr oder weniger rasch die Erkenntnisprozesse durchlaufen hat. In diesem Sinn sind Handeln und Erkenntnis wieder untrennbar.

Der Geist und die Simulation

Wie schon anfangs gesagt, spielt sich das Simulieren in einer geistigen Welt ab und wird entweder durch informationsverarbeitende Maschinen bewerkstelligt oder in jener wunderbaren Maschine des menschlichen Gehirns. Der Geist ermöglicht es, die Wirklichkeit oder einen Teil der Wirklichkeit in Szene zu setzen und damit zu spielen. Für Menschen stellt die Simulation ein Instrument dar, das einen beachtlichen Wert für das Überleben und für ökonomisches Verhalten hat. Gewöhnlich simulieren wir eine Handlung mit Hilfe unserer Vorstellungskraft, bevor wir sie konkret ausführen. Wir können so die möglichen Auswirkungen der Handlung analysieren und entscheiden, ob wir sie wie geplant durchführen, sie ändern oder auf sie verzichten wollen. Die Simulation hilft also, Risiken und Energieverschwendung zu vermeiden; zweifellos steht sie im Mittelpunkt der Geistestätigkeit des Menschen, und deshalb wurde sie auch in den Bereich der Tätigkeiten informationsverarbeitender Maschinen übernommen.

Vereinfachend läßt sich sagen, daß man sich zunächst im Kopf jene Eigenschaften der Welt ausmalt, die angesichts des eigentlichen Ziels interessieren. Dann versucht man, indem man mit einzelnen Parametern herumspielt, zu verstehen, wie sich die Welt verändern würde, wenn man eine bestimmte Handlung ausführte, und wie es einem in dieser abgeänderten Welt erginge.

Man ahnt, wieviel einfacher und ökonomischer es im allgemeinen ist, in einer vorgestellten Welt Handlungen zu simulieren, als sie in der wirklichen Welt auszuführen. Vor allem braucht die Simulation nicht den Preis zu zahlen, der mit den unvermeidlichen Fehlern verknüpft ist. Wie Popper gesagt hat, ermöglicht es die Simulation, daß nicht wir, sondern unsere Hypothesen sterben. Man ahnt, welchen evolutionären Wert dieses Vorgehen hat, besonders wenn es um die Erprobung neuartiger Verhaltensweisen geht. Jedes Verhalten besteht aus einer Folge von elementaren Handlungen, und diese müssen sinnvoll angeordnet und koordiniert ausgeführt werden. Schon banale Umkehrungen der Ordnung können gefährlich werden; es macht wenig Sinn, erst nach dem Betreten der Straße nach links und rechts zu schauen.

Anscheinend sind Planen und Simulieren der Intelligenz förderlich, besonders für jene Form, die zur Bewältigung konkreter Situationen beispielsweise im sozialen Bereich nötig ist. Am schwierigsten lassen sich Reaktionen auf neue Situationen planen, sie erfordern die Konstruktion vielfältiger Szenarien, etwa wenn ein Futurologe mehrere Modelle aufstellt, die beschreiben, wie ein Industriezweig in zehn Jahren beschaffen sein könnte. Die Fähigkeit zur Simulation findet sich in gewissem Maß wohl bei allen Säugetieren und besonders bei den Menschenaffen, ist jedoch im Menschen am höchsten entwickelt, und das liegt vielleicht an unserer Fähigkeit, uns sprachlich zu äußern, das heißt, begriffliche syntaktische Strukturen zu konstruieren. Dazu zitiert William Calvin die Schriftstellerin Kathryn Morton: «Das erste Anzeichen, daß aus einem Baby, aus dem lärmenden Schmuseobjekt, nun allmählich ein menschliches Wesen wird, ist, daß es die Welt um sich herum zu benennen beginnt und nach Geschichten verlangt, die diese benannten Teile miteinander verknüpfen. Anschließend wird es das frisch erworbene Wissen seinem Teddybär mitteilen, seine Weltsicht den Spielkameraden im Sandkasten aufzuzwingen versuchen, sich selbst Geschichten darüber erzählen, was es spielt, und sich ausdenken, was es tun wird, wenn es einmal groß ist. Es wird die Handlungen anderer verfolgen und Verstöße gegen die Regeln der Aufsichtsperson melden. Und es wird eine Gutenachtgeschichte verlangen.»

In gewissem Maß analysieren wir eine Situation durch stumme Zwiesprache mit uns selbst, machen aus dem, was als nächstes passieren wird, Geschichten und wenden dann syntaxähnliche Kombinationsregeln an, um abzuschätzen, welches der Szenarien gefährlich, unsinnig, möglich, erwägenswert oder sinnvoll ist. Aber unser Denken ist nicht auf sprachähnliche Konstruktionen beschränkt. Wir mögen das sichere Gefühl haben, daß «der Groschen gefallen ist», und uns dennoch schwertun, das verbal auszudrücken, was mir miteinander verknüpft haben.

Die Simulation erlaubt es also, etwas nur in Gedanken auszuführen, die negativen Folgen zur Kenntnis zu nehmen, einen anderen Weg einzuschlagen, um Veränderungen anzubringen und Anpassungen vorzunehmen und in Gedanken einen anderen Ablauf zu wählen. Auf diese Weise können wir die Welt besser beherrschen. Außerdem können wir, indem wir sogenannte «Kontrafakten» in uns erzeugen, den Lauf der Ereignisse scheinbar abändern und in gewissem Grad sogar die Vergangenheit in uns bestimmen. Es stimmt natürlich, daß die Geschichte nicht mit einem «wenn... wäre» gemacht wird, aber es trifft auch zu, daß die starke und in gewisser Hinsicht sehr nützliche Neigung besteht, in Gedanken gewisse Ereignisse der Vergangenheit abzuändern, um eine andere, genehmere Gegenwart zu schaffen. Unter anderem offenbart die Konstruktion des Kontrafaktischen auch die Bedeutung der Kausalität für Simulationen, die nämlich in sich stimmig sein müssen. Die retrospektive Simulation erweitert die Bedeutung von Zufall und Notwendigkeit in der Geschichte: Der Weg, auf den die Wechselfälle menschlichen Lebens einmünden – aber auch der Weg der Natur –, ist a posteriori notwendig, a priori jedoch nur möglich; man könnte sich eine Welt (auch viele Welten) denken oder simulieren, in denen die Dinge «anders gelaufen» sind.

Die künstliche Intelligenz und die Simulation

In der *creatura* kann, wie gesagt, eine Sache jede beliebige andere Sache bezeichnen, aber die Simulation geht über diese willkürliche und austauschbare Kodifizierung hinaus, denn sie stellt eine, wenn auch nur teilweise Ähnlichkeit her und führt, jedenfalls auf einer gewissen Beschreibungsebene, zwischen den beiden «Sachen», der simulierten und der simulierenden, eine Entsprechung oder besser einen Quasi-Isomorphismus ein. Wenn die Korrespondenz sich (mit angemessener Genauigkeit) auf alle Ebenen erstreckt, spricht man nicht mehr von Simulation, sondern von «Reproduktion» oder von «Nachahmung». Beispielsweise besteht im Fall eines menschlichen Gehirns und eines Computers, die beide eine Rechnung durchführen, dieser Quasi-Isomorphismus auf der rechnerischen Ebene, aber weder auf einer strukturellen noch auf einer differenzierten funktionalen, weil es auf dieser Ebene keine Entsprechung zwischen den Neuronen und ihrem Feuern einerseits und den Schaltkreisen und Elektronenflüssen andererseits gibt.

Um die Angemessenheit einer Simulation beurteilen zu können, beruft man sich also nicht auf eine absolute, sondern auf eine teilweise Korrespondenz der Simulationsergebnisse und des in der Wirklichkeit beobachteten Effekts, wobei man eine Sichtweise wählt, die für die behavioristische Verhaltenslehre typisch ist. So ist in der KI das berühmte, von Turing vorgeschlagene Kriterium dafür, wann eine Maschine intelligent zu nennen ist, auf der Verhaltensebene angesiedelt. Mittels eines Fernschreibers stellt ein Prüfer Fragen an einen Menschen und an eine Maschine und erhält die Antworten wieder über einen Fernschreiber. Beide Prüflinge sollen versuchen, den Prüfer davon zu überzeugen, daß sie Menschen sind, und der Prüfer soll allein aufgrund der erhaltenen Antworten herausfinden, wer von den beiden der Mensch ist. Die Maschine soll in diesem Fall eine Simulation liefern, die umfassender und diffiziler ist als pure Rechenoperationen. Im Fall des mathematischen Rechnens liefert der Computer nur auf der Beschreibungsebene der Rechenergebnisse Resultate, die den Resultaten des Gehirns entsprechen; der Quasi-Isomorphismus von Neuronen und Schaltkreisen erstreckt sich nicht auf höhere Ebenen.

Schwieriger wird es bei komplexeren Geistesleistungen. Hier sind viele – oft nicht genau definierte – Beschreibungsebenen impliziert. Bei der Simulation menschlichen Verhaltens – vor allem, wenn man eine komplizierte Handlung simulieren will, die zum Beispiel Wahrnehmung, Bedeutung, Wertung und Absicht einschließt – erhält man verzerrte Ergebnisse, wenn man annimmt, daß der für Rechenaufgaben ausreichende Quasi-Isomorphismus der untersten Ebene (Neuronen beziehungsweise Schaltkreise) sich von selbst auf die höheren Ebenen überträgt. Eine Ursache für dieses enttäuschende Ergebnis ist, daß wir noch nicht wissen, wie im Gehirn die höheren Prozesse wie das Denken aus den Elementarprozessen – dem Feuern vieler Neuronen – hervorgehen. Die Vorgänge auf den höheren Ebenen haben ganz neue Qualitäten, was sich etwa daran zeigt, daß es hier Mehrdeutigkeit, Irrationalität, Vergessen etc. gibt, wohingegen die Neuronen «unfehlbar» nach dem binären Alles-oder-nichts-Prinzip arbeiten. Den Computern, mit denen die KI-Gemeinde bisher versucht hat, natürliche Intelligenz zu imitieren, fehlen diese höheren Qualitäten. Offenbar reicht die bloße Anhäufung von Elementen der untersten Ebene nicht aus, um die mit Bedeutung behafteten oberen Schichten in Erscheinung treten zu lassen; wahrscheinlich ist eine durch Umweltdruck vorangetriebene Evolution des Systems vonnöten.

Verschiedene Arten der Simulation

Die Simulation gehört, wie gesagt, zur *creatura*. Um von der Welt zum Abbild zu kommen, muß man Information komprimieren, das heißt, um eine Redeweise zu verwenden, die Gregory Bateson gern gebrauchte, vom Territorium zur Karte (oder, wenn man so will, vom Phänomen zum Modell) übergehen. Die Ergebnisse dieses subtilen und unvermeidlichen Übergangs hängen weitgehend vom jeweiligen Territorium ab. Betrachten wir als Beispiele die Simulation eines Mathematikers und die Simulation einer Kuh durch einen Computer. Während die simulierte Kuh nicht gemolken wird und die Milch, die sie gibt, nicht getrunken werden kann, weil es simulierte Milch ist, haben im Fall des simulierten Mathematikers die von ihm gelieferten simulierten Beweise in vollem Umfang und für jeden denselben Wert wie alle Beweise, die von einem wirklichen Mathematiker geführt werden.

Welcher Unterschied besteht nun zwischen Milch und Beweisen? Man könnte sagen, daß die Beweise der *creatura* angehören, während die Milch zur *pleroma* gehört, deren Elemente nicht simuliert werden können. Ein gutes Mittel zur Unterscheidung könnte sein, wie die Dinge und ihre Simulationen auf die reale Welt (unsere Welt) wirken: Im Fall der Milch sind die Wirkungen sehr verschieden, während sie im Fall der Beweise identisch sind. Wenn wir uns den Unterschied zwischen Information und ihrem Träger vor Augen halten, können wir auch sagen, daß für die Milch der Stoff (also die Atome und die Moleküle, aus denen sie besteht) wesentlich ist: Die Information über die Konfiguration der Moleküle, über ihre wechselseitigen Beziehungen und die chemischen Verbindungen der Milch kann man nicht trinken. Für einen Beweis andererseits ist die Materie zwar nicht entbehrlich, aber doch unwesentlich.

Wir bemerken, wie fragwürdig es ist, von einer Simulation zu sprechen, wenn die Simulation in der Welt mehr oder weniger dieselben Wirkungen hervorruft wie die simulierte Sache. Wenn das «Denken» der Maschine dieselben Wirkungen hat wie unser Nachdenken über die Welt, ist es womöglich unangemessen, es weiterhin für simuliert zu halten, auch wenn man damit auf einen psychologischen, also auf einen anderen als den logischen Vorbehalt stößt. Einige Forscher sehen in diesem psychologischen Vorbehalt ein Vorurteil und vergleichen es mit dem Vorurteil, daß nur die Männer denken, während die Frauen die Gedanken der Männer simulieren. Wie man sieht, geht es bei all unserem Nachdenken letztlich um den Unterschied zwischen *creatura* und *pleroma*. In bezug auf das grundlegende Problem der KI, nämlich die Frage, ob der Geist simuliert werden kann, könnten wir diese Antwort riskieren: Wenn der Geist in der *creatura* bleibt, ist es möglich, ihn zumindest bis zu einem gewissen Grad zu simulieren; wenn er auch in der *pleroma* ist, wird die Lage schwieriger, denn dann spielt auch die Materie, an die der Geist gebunden ist, eine Rolle.

Denken wir an die Simulation eines Orkans durch einen Computer: Der simulierte Orkan zerstört weder unser Haus noch den Computer, hat jedoch beträchtliche Wirkungen innerhalb des Programms, das ihn simuliert: jähe Veränderungen der Parameter und der Funktionen und ähnliches. Wenn das Programm detailgenau ist, kann es auch Verständnis für simulierte Menschen haben, die dem Sturm ausgesetzt sind und Angst haben; in deren simuliertem Geist wäre der Orkan dann überhaupt keine Simulation, sondern ein authentisches Phänomen. Es ist eine Frage der Ebene: Um den Orkan und die Verheerungen, die er hervorruft, zu sehen, muß man sich auf die richtige Ebene begeben und sich die passende Brille aufsetzen, die einen den Sturm und die Überschwemmungen «sehen» läßt.

An diesem Punkt lade ich die Leser ein, eine Übung zu machen, die helfen kann, sich mit dem Gedanken der Simulation vertraut zu machen und die unterschiedlichen Nuancen zu erfassen. Man betrachte die folgenden Fälle:

– eine chirurgische Operation
– ein Dokumentarfilm über die Operation
– eine in einem Film nachgespielte Operation

- eine didaktische Übung einer Operation mit einem wirklichen Patienten oder einem Leichnam oder einer Puppe
- das wissenschaftliche Protokoll einer Operation
- das Wort «Operation»
- der Beweis eines Satzes, der von einem Mathematiker an einer Wandtafel ausgeführt wird
- derselbe Beweis, der im Theater von einem Schauspieler geführt (also nachgespielt) wird
- eine Folge sinnloser Zeichen, die von einem Schauspieler auf eine Tafel geschrieben wird, der so tut, als ob er einen Beweis führte
- derselbe Beweis, der von einem Computer entwickelt wird, von einem Gehörlosen, von einem Laien, der die Schritte des Beweises auswendig gelernt hat, aber nicht versteht, was er schreibt

In bezug auf das Verstehen oder Nichtverstehen dessen, was man schreibt, schließe ich mit einigen Beobachtungen zu dem von John Searle vorgeschlagenen Gedankenexperiment mit dem chinesischen Zimmer.

Syntax und Semantik

Aus Sicht der sogenannten starken KI sind alle geistigen Tätigkeiten des Menschen Berechnungen. Auf den ersten Blick ist diese Behauptung einigermaßen beunruhigend: Im Licht der Gödelschen Sätze ist nicht einmal die formalste der menschlichen Tätigkeiten, die Mathematik, auf ihre formalen Aspekte reduzierbar. Es gibt heute keinerlei völlig sichere begriffliche Struktur der Mathematik, und der Formalismus reicht nicht aus, ihr eigentliches Wesen zu erfassen. Nun weist aber die Mathematik einschließlich der Logik unter allen Erzeugnissen der menschlichen Intelligenz den höchsten Grad an Formalisierung und Eindeutigkeit auf. Der Schluß scheint also erlaubt, daß sich andere Bereiche menschlicher Geistestätigkeit erst recht nicht durch rein algorithmische Begriffe erschöpfen lassen.

Gegen die These der starken KI hat sich unter anderem John Searle mit seinem berühmten Gedankenexperiment des «chinesischen Zimmers» ausgesprochen, für das die Beziehung zwischen Syntax und Semantik entscheidend ist. Wir stellen uns dabei einen Menschen vor, der überhaupt kein Chinesisch kann; er wird in ein Zimmer gesetzt, in dem ihm Schachteln mit chinesischen Schriftzeichen zur Verfügung stehen und ein (in seiner Muttersprache geschriebenes) Handbuch mit Regeln, die eindeutig festlegen, auf welche Weise chinesische Schriftzeichen miteinander kombiniert werden können. Dabei werden die Zeichen anhand ihrer Form identifiziert, ohne daß man irgendeins verstehen muß. Von außerhalb des Raums legen ihm Menschen, deren Muttersprache Chinesisch ist, kleine Stöße mit Schriftzeichen vor. Auf der Grundlage der Regeln in seinem Handbuch sucht sich der Mensch entsprechende Schriftzeichen zusammen und reicht sie den draußen Wartenden hinaus, mit denen er sonst überhaupt keinen Kontakt hat.

Das Handbuch mit den Regeln, schreibt Searle, ist das Computerprogramm, seine Verfasser sind die Programmierer, der Mensch im Zimmer ist der Computer, die Schachteln mit den Symbolen bilden die Datenbank, die dem Menschen vorgelegten Gruppen von Schriftzeichen sind die Fragen und die von ihm zurückgegebenen sind die Antworten. Searle nimmt an, die Regeln seien so beschaffen, daß die von diesem Menschen gelieferten Antworten sich nicht von solchen unterscheiden lassen, die gebürtige Chinesen geben würden. Der Mensch besteht also den Turing-Test für Chinesisch, obwohl er diese Sprache weiterhin absolut nicht versteht. Wie ein Computer sortiert er Symbole, aber er schreibt ihnen keinerlei Bedeutung zu, hat also keinerlei Gelegenheit, Chinesisch zu lernen.

Wenn die Durchführung eines solchen Programms für chinesische Konversation einen Menschen nicht in die Lage versetzt, diese Sprache zu lernen, dann, so schließt Searle, beweist dieses Experiment, kann auch ein Computer, der darauf beschränkt ist, ein solches Programm ablaufen zu lassen, kein Chinesisch verstehen. «Was für Chinesisch gilt, gilt für andere geistige Leistungen ebenso. Das bloße Hantieren mit Symbolen genügt nicht für Fähigkeiten wie Einsicht, Wahrnehmung, Verständnis oder Denken. Und da Computer ihrem Wesen nach Geräte zum Umgang mit Symbolen sind, erfüllt das bloße Ausführen eines Computerprogramms auch nicht die Kriterien einer geistigen Tätigkeit.»

Auf der Grundlage einer sauberen, wenn auch nicht erklärten Unterscheidung zwischen Syntax und Semantik («Ein Unterschied besteht zwischen den formalen Elementen, die keine intrinsische Bedeutung [keinen Gehalt] haben, und solchen, bei denen dies der Fall ist») schließt Searle, daß die Programme Syntax haben, aber keine Semantik. Es ist seltsam, daß er dann notwendige und hinreichende Bedingungen durcheinanderbringt: «Die Widerlegung bestand aus dem Nachweis, daß das Programm an sich keine Gedanken hervorbringen kann, weil ein Programm lediglich mit formalen Symbolen hantiert – und wir wissen aus Erfahrung, daß das gekonnte Manipulieren von Symbolen für sich allein keine Gewähr bietet, daß auch die Bedeutung der Symbole verstanden wird. Das ist der Kern dessen, was ich mit dem chinesischen Zimmer illustrieren wollte.» Searle formuliert seine eigenen Schlußfolgerungen so: «Programme sind weder notwendige noch hinreichende Bedingungen für Geist.» Damit hat er aber lediglich bewiesen, daß ein syntaktisch operierender Computer nicht notwendig Geist entwickeln *muß*. Er ist den Beweis schuldig geblieben, daß ein Computer Geist allein auf der Grundlage von Syntax nicht entwickeln *kann*. Ungeachtet dieser Verwirrung jedoch ist seine These klar genug: Für die starke KI reduziert sich alle Geistestätigkeit auf rein syntaktische Manipulation, während «menschliche Gehirne... nicht allein durch Abarbeiten eines Computerprogramms geistige Phänomene hervorbringen». Deshalb sei die These der starken KI falsch.

Mit seinem Gedankenexperiment will Searle verdeutlichen, daß der in sein Zimmer eingeschlossene Mensch, obwohl er in der Lage ist, Schriftzeichen zuzuordnen, niemals Chinesisch lernen, also niemals von der Syntax zur Semantik gelangen kann, weil die Semantik von Natur aus oder ihrer Qualität nach etwas anderes ist als Syntax. Jedenfalls in diesem Fall kann die Semantik nicht aus einer Syntax hervorgehen, und wenn sie noch so umfangreich wäre. (Searle macht nicht klar, ob es Fälle gibt, in denen die Beherrschung der Syntax eine für den Besitz der Semantik hinreichende Bedingung darstellen könnte.)

Bei der weiteren Erörterung dieses Gedankenexperiments versuche ich nun zu zeigen, daß Körperlichkeit und die Einbettung des Körpers in die Welt notwendige und hinreichende Bedingungen für eine reiche und artikulierte Semantik sind, also für das, was man gewöhnlich unter Semantik versteht. Ohne die Verbindung von Geist und Körper wäre die Semantik arm und riskierte, «allein» auf Syntax zurückgeführt zu werden, aber darauf kommen wir in Kürze zurück.

Ohne uns mit allzu vielen Einzelheiten in bezug auf die Stringenz der Überlegung von Searle belasten zu wollen, bemerken wir, daß in dem Zimmer ein Mensch ist, der (ob nun stammesgeschichtlich ererbt oder individualgeschichtlich entwickelt) die Fähigkeit hat, seine eigene Sprache zu gebrauchen und, so ist zu vermuten, unter geeigneten Umständen eine andere Sprache mit ihrer eigenen Semantik zu lernen. In der von Searle betrachteten Parallele entspricht der Mensch mit dem Handbuch dem programmierten Computer. Aber bis zu welchem Punkt entsprechen sie einander? Entsprechen sie sich auch in dem Sinn, daß der programmierte Computer unter geeigneten Umständen dieselbe Fähigkeit hat wie der Mensch, eine Sprache mit ihrer eigenen Semantik zu lernen, oder nicht? Wenn ja, könnten auch die programmierten Rechner «intelligent» sein, und Searle hätte sich ins eigene Fleisch geschnitten, weil er eine Analogie konstruiert hätte, in der die Struktur der Entsprechungen ein Apriori bedingt, das er negieren wollte. Wenn jedoch die Entsprechung zwischen Mensch und Rechner sich nicht bis auf diesen Punkt ausweiten ließe, wenn also der Computer in keinem Fall von der Syntax zur Semantik übergehen könnte, setzt Searle wieder a priori das voraus, was er beweisen wollte. Jedenfalls sollte die beabsichtigte Parallele zwischen dem programmierten Rechner und dem Menschen im chinesischen Zimmer präzisiert werden. Läßt sie sich vervollkommnen? Und wie? Ein Hinweis könnte sein, daß der Mensch Chinesisch auch ohne das Handbuch, sozusagen auf dem natürlichen Wege, lernen könnte, also eine Prädestination zum Lernen hat. Der Rechner hat diese Fähigkeit nicht und braucht ein Programm. Die Parallele wäre also zutreffender, wenn man statt eines gewöhnlichen Menschen ein System in das Zimmer eingeschlossen hätte, dem diese Fähigkeit eines normalen Menschen abgeht: beispielsweise einen Menschen, der noch nie aus dem Zimmer herausgekommen ist und dessen Vorfahren seit Generationen (seit Anfang der Zeit?) nicht aus dem Zimmer herausgekommen sind und nicht die Fähigkeit erworben haben können, eine Sprache auf gewöhnliche Weise zu lernen (aber in diesem Fall hätten sie eine «eigene» Sprache lernen müssen, und wie das?). Vielleicht müßte man, damit die Entsprechung besser ist, auch einen Computer einschließen: Aber dann wäre das Experiment überflüssig, weil die These von selbst wahr oder von selbst falsch wäre, je nachdem, welche Annahme man in bezug auf den in dem Zimmer eingeschlossenen Computer zu Beginn macht.

Versuchen wir also, eine andere Entsprechung zu finden, in der dem Zimmer, in das die Person A eingeschlossen ist, eine Person B entspricht, und der in das Zimmer eingeschlossenen Person A das Gehirn von B. B, der ja ein Mensch ist, kann die Semantik nutzen, aber in welchem Sinn könnte man sagen, daß das Gehirn von B die Sprache «versteht», die B so kompetent gebraucht? Jetzt, so scheint es, müßte das Verstehen eigentlich eine Eigenschaft der Gesamtheit «Zimmer mit Person A in ihm» sein (und das ist die sogenannte «Antwort des Systems», die Searle schon von anderen vorgehalten wurde); es ist nicht nötig, daß A irgend etwas versteht, genausowenig wie das Gehirn von B (oder irgendeins seiner Teile) etwas verstehen muß: Es genügt, daß es auf einer gewissen Ebene gut mit den Symbolen umgehen kann. Im Grunde ist es nicht unser Gehirn, das etwas versteht, sondern «wir selbst» (auch wenn diese Formulierung, die den problematischen Begriff des Selbst beschwört, mehr Probleme stellt als löst).

Betrachten wir jetzt die Entwicklung der sprachlichen Kompetenz von B. Wie macht es sein «im Zimmer eingeschlossenes» Gehirn, eine Sprache, sagen wir seine Muttersprache, zu lernen? Das Lernen, auch das Erlernen der Semantik, geschieht mittels der Grammatik oder Syntax der Sinne und angesichts einer unaufhörlichen Aktualisierung in den für Syntax zuständigen Hirnregionen. Es setzt also eine «angeborene Kapazität» zum Lernen voraus, eine Fähigkeit, die von der Existenz und den Funktionen der Sinnesorgane, des Gehirns und ihrer Verknüpfungen, kurz, vom Körper abhängt.

Diese Beobachtung führt zur Betrachtung des Wesens der Semantik und der Beziehung zwischen Syntax und Semantik. Searle gibt zu bedenken, daß die Semantik eine Eigenschaft oder Fähigkeit ist, die man entweder hat oder nicht. Aber trifft dieses «alles oder nichts» wirklich zu? Ist Semantik nicht vielleicht eine flüchtige Eigenschaft, die man auch bis zu einem gewissen Grad haben kann? Semantik ist vielleicht eine Art von dynamischer äußerer Entsprechung, ein Pseudo-Isomorphismus oder ein Quasi-Isomorphismus (der Name spielt kaum eine Rolle), des ebenso dynamischen syntaktischen Komplexes: Jedes menschliche Wesen konstruiert sich seine Semantik selbst und erhält sie in den geistigen und körperlichen Strukturen und den verschiedenen Syntaxen oder Grammatiken, die von seinen Sinnen und durch vernünftiges Denken geschaffen und gestaltet wurden.

Diese dynamische Verschmelzung oder Quasi-Verschmelzung mehrerer Syntaxformen (und die fortwährend erneuerte und kontrollierte Darstellung dieser Verschmelzung mehrerer Syntaxen) macht die Semantik aus. Es kann keine Semantik ohne Syntax geben, wie es auch keine Information ohne stofflichen Träger geben kann; aber wie umgekehrt jeder materielle Träger immer eine gewisse potentielle oder tatsächliche Information enthält, so führt die Syntax auch je nach Anzahl der Syntaxen, die wechselwirken und sich begegnen, immer zu einem gewissen Grad an mehr oder weniger gehobener Semantik. Die Syntax eines normalen Menschen ist sicherlich eine andere als die eines Tauben oder Blinden, vielleicht raffinierter oder vollständiger. Ein Tauber, der auch blind ist, hätte eine weniger artikulierte Syntax und deshalb eine weniger reiche Semantik als ein Tauber, der sehen kann. Kommt man auf diese Weise, also durch sukzessive Subtraktion der Funktionen oder syntaktischen Fähigkeiten eines Menschen, allmählich zu einer auf «reine» Syntax zurückgeführten Semantik, also zu einer eindimensionalen Semantik? Und umgekehrt: An welchem Punkt würde sich in einer Maschine eine Semantik in der gewöhnlichen Bedeutung dieses Ausdrucks einstellen, wenn man syntaktische Funktionen oder Fähigkeiten hinzufügte? Das Weiterentwickeln dieses neuen Gedankenexperiments könnte zu nützlichen Einsichten über die Beziehung zwischen Syntax und Semantik führen.

Abschließend scheint mir, man könnte behaupten, daß die KI, die ja behauptet, sie wolle nur die symbolischen und formalen Aspekte menschlicher Erkenntnis reproduzieren, keine befriedigende Simulation der natürlichen Intelligenz liefern kann. Sie kann natürlich trotzdem zu sehr wichtigen Ergebnissen gelangen. Aber diese Ergebnisse werden eher durch das Adjektiv «künstlich» als durch das Substantiv «Intelligenz» charakterisiert. Wenn der Ehrgeiz jedoch ist, eine Simulation der natürlichen Form der Intelligenz zu erzeugen, ist es vielleicht unentbehrlich, dem «Gehirn» einen «Körper» beizugesellen, der in die Umwelt eintauchen kann. Diese Bedingung ist notwendig, aber nicht hinreichend. Es kann sehr wohl so sein, daß das aus dem (künstlichen) Gehirn und dem (künstlichen) Körper bestehende System eine Intelligenz aufweist, die sehr verschieden ist von der menschlichen, wenn auch nur, weil die Geschichte der beiden Systeme Mensch und Maschine sehr verschieden ist.

Bibliographie und weiterführende Literatur

Bateson, G.: *Steps to an Ecology of Mind*, San Francisco 1972 (Ökologie des Geistes, Frankfurt a. M. 1981)

Ders.: *Mind and Nature: A Necessary Unit*, New York 1979 (Geist und Natur: Eine notwendige Einheit, Frankfurt a. M. 1982)

Bateson, G.; Bateson, M. C.: *Angels Fear*, New York 1987

Calvin, W.: Die Entstehung von Intelligenz, in: *Spektrum Spezial: Leben und Kosmos*, Heidelberg 1994

Dreyfus, H. L.; Dreyfus, S. E.: Making a Mind Versus Modelling the Brain: Artificial Intelligence Back to the Branchpoint, in: *Understanding the Artificial*, London 1991

Hofstadter, D. R.: *Gödel, Escher, Bach: An Eternal Golden Braid*, New York 1979 (Gödel, Escher, Bach: ein endloses geflochtenes Band, Stuttgart 1985)

Jaynes, J.: *The Origin of Consciousness in the Breakdown of the Bicameral Mind*, Boston 1976 (*Der Ursprung des Bewußtseins durch den Zusammenbruch der bikameralen Psyche*, Reinbek 1988)

Longo, G. O.: Informazione e organismi viventi, in: *Enciclopedia desse Scienze Fisiche*, Rom 1992

Ders.: Matematica e arte, in: *La rivista dei libri*, II, 11. 11. 1992

Ders.: Il sogno della macchina, in: *Intelligenza artificiale, Le Scienze quaderni*, Nr. 25, September 1985

Manghi, S.: *Il gatto con le ali*, Mailand 1990

Searle, J. R.: Ist der menschliche Geist ein Computerprogramm?, in: *Spektrum der Wissenschaft*, März 1990

Shannon, C. E.: *A Mathematical Theory of Communication*, Bell System Tech. J. Nr. 27, 1948 (*Mathematische Grundlagen der Informationstheorie*, München 1976)

Varela, F. J.: *Un know-how per l'etica*, Lezioni Italiane Nr. 3, Fondazione Sigma-Tau, Laterza, Rom und Bari 1992

Wiener, N.: *Cybernetics, or Control and Communication in the Animal and the Machine*, Wiley 1948 (*Kybernetik: Regelung und Nachrichtenübertragung in Lebewesen und in der Maschine*, Düsseldorf 1963)

Helmut Neunzert

Mathematik und Computersimulation: Modelle, Algorithmen, Bilder

Einleitung

Mathematik ist nicht jene abstrakte, weltabgewandte Wissenschaft, für die viele sie halten – sie war es auch nie. Sie ist ein unersetzliches Hilfsmittel der Naturwissenschaften, der Technik, der Wirtschaft. In diesem Aufsatz geht es um eine neue Rolle, die die Mathematik als Werkzeug zur Lösung außermathematischer Probleme heute spielt – vor allem, weil ihr selbst ein neues Werkzeug, der Computer, erwachsen ist. Aber auch deshalb, weil sie, durch Aufgabe und Lösungsmethode getrieben, sich dem Dialog und der Zusammenarbeit mit anderen Disziplinen neu öffnet. Es ist, wie bei vielen Wissenschaften, so auch bei der Mathematik zu beobachten, daß die verschiedenen Fachsprachen füreinander wieder verständlich werden – man hört aufeinander und man versteht einander. Die Disziplinen verlassen ihre babylonischen Elfenbeintürme und breiten ihre Probleme und Ideen voreinander aus.

Der Mathematiker, im Team mit Naturwissenschaftlern, Ingenieuren und Informatikern, mit Hilfe des Computers an der Lösung technischer, ökonomischer und ökologischer Probleme arbeitend – wie ist diese neue Aufgabe möglich geworden? Es gibt seit wenigen Jahren zwei kräftige Strömungen in der angewandten Mathematik, die unter dem Namen *mathematical modelling* und *scientific computing* figurieren. (Die deutschen Bezeichnungen «Mathematische Modellierung» und «Wissenschaftliche Berechnung» haben irreführende Konnotationen.) Dies sind Arbeitsvorgänge bei der Erstellung einer Computersimulation, die reale Prozesse unter Vernachlässigung als unwesentlich erachteter Aspekte im Computer nachspielt. Dabei taucht an zwei Stellen der Begriff «Bild» auf: Einmal muß der reale Prozeß in Mathematik *abgebildet* werden (das ist der Modellierungsschritt), um dann mittels Algorithmen im Rechner simuliert werden zu können; zum anderen produziert der Computer primär nur Zahlen- oder Symbolkolonnen, die in reale Bilder zurückübersetzt werden müssen, da diese für den Menschen viel leichter faßbar sind. Man nennt diesen Prozeß Visualisierung – ein drittes Schlagwort moderner angewandter Mathematik. Letztendlich wird so die reale Welt in eine virtuelle Bilderwelt verwandelt, wobei ein «Zweckfilter» eingebaut ist: Die virtuelle Welt zeigt nur, was für das Erreichen eines vorher definierten Zwecks wichtig ist.

Ich will im folgenden auf die drei Schritte – *modelling*, *scientific computing* und Visualisierung – näher eingehen und diskutieren, wie sie und die Mathematik sich gegenseitig beeinflussen. Dabei nutze ich hauptsächlich ein praktisches Beispiel meiner eigenen Arbeit: Beim Wiedereintritt von Raumfahrzeugen (Fähren oder Kapseln) in die Erdatmosphäre spielt die Erwärmung der Fahrzeugoberfläche eine große Rolle; sie hängt natürlich von der Form des Fahrzeugs und seiner Oberflächenbeschaffenheit sowie von seiner Geschwindigkeit und der Luftdichte ab. Um die Gestaltungsmöglichkeiten optimal zu nutzen, braucht man genauere Kenntnisse über diese Abhängigkeiten, und es ist ein Charakteristikum der Raumfahrttechnik, daß man diese nur in sehr geringem Umfang aus Realexperimenten gewinnen kann; die in Wirklichkeit auftretenden Geschwindigkeiten und Temperaturen sind im Windkanal kaum reproduzierbar. Deswegen ist man hier in besonderem Maß auf eine Computersimulation angewiesen – ihre Zuverlässigkeit kann lebensentscheidend sein. Das Modellieren der Atmosphäre in größeren Höhen (um 100 Kilometer), die Berechnung der wichtigen Daten und die Visualisierung der Strömung können in diesem Aufsatz zwar nur angedeutet werden, scheinen mir aber doch zur Veranschaulichung der Konzepte geeignet.

Modelle

Was versteht man unter *mathematical modelling*? Im neuesten Brockhaus findet man zunächst eine Beschreibung der mathematischen Modelltheorie, die wenig mit unserem Begriff zu tun hat, und dann, unter «naturwissenschaftliches Modell»: «Ein Abbild der Natur unter Hervorhebung für wesentlich erachteter Eigenschaften und Außerachtlassen als nebensächlich angesehener Aspekte. Ein Modell in diesem Sinn ist ein Mittel zur Beschreibung der erfahrenen Realität, zur Bildung von

Begriffen der Wirklichkeit und Grundlage von Voraussagen über künftiges Verhalten des erfaßten Erfahrungsbereiches.»

Sehr klar beschreibt es Heinrich Hertz 1897 in der Einleitung seiner *Prinzipien der Mechanik*: «Es ist die nächste und in gewissem Sinne wichtigste Aufgabe unserer bewußten Naturerkenntnis, daß sie uns befähige, zukünftige Erfahrungen vorauszusehen, um nach dieser Voraussicht unser gegenwärtiges Handeln einrichten zu können. Als Grundlage für die Lösung jener Aufgabe der Erkenntnis benutzen wir unter allen Umständen vorangegangene Erfahrungen, gewonnen durch zufällige Beobachtungen oder durch absichtlichen Versuch. Das Verfahren aber, dessen wir uns zur Ableitung des Zukünftigen aus dem Vergangenen und damit zur Erlangung der erstrebten Voraussicht stets bedienen, ist dieses: Wir machen uns *innere Scheinbilder oder Symbole* der äußeren Gegenstände, und zwar machen wir sie von solcher Art, daß die denknotwendigen Folgen der Bilder stets wieder die Bilder seien von den naturnotwendigen Folgen der abgebildeten Gegenstände.» Selbstverständlich kann diese Konzeption philosophisch hinterfragt werden – eine recht moderne, neurophysiologisch beeinflußte Interpretation bietet etwa der radikale Konstruktivismus (siehe zum Beispiel H. R. Maturana, F. J. Varela: *Der Baum der Erkenntnis*, München 1990) –, doch führte es zu weit, an dieser Stelle darauf einzugehen. Statt dessen sehen wir uns noch die Regeln für die Erstellung dieser inneren Bilder an, wie Hertz sie selbst aufstellte. Eine davon steht schon im Einführungstext: Was aus den Bildern geschlossen werden kann, muß der Wirklichkeit entsprechen – Hertz nennt das: Die Modelle müssen «richtig» sein. Außerdem müssen die Modelle in sich widerspruchsfrei oder «logisch zulässig» sein. Schließlich kann es verschiedene richtige und logisch zulässige Bilder derselben Realität geben – Modelle sind nicht eindeutig. Unter mehreren zulässigen und richtigen Bildern wähle man, so Hertz, das sparsamste, jenes also, das die gewünschten Vorhersagen mit dem geringsten Aufwand leistet.

Wo bleibt da die Mathematik? Ganz einfach: Sie ist der Rohstoff dieser Modelle, das, woraus diese Bilder gemacht sind. Modelle sind am Ende mathematische Strukturen, Gleichungen, Relationen etc. Für den mathematischen Modellierer ist Mathematik das, was nach meiner Vorstellung Bronze, Stein, Holz etc. für den Bildhauer sind. Man kann sich das auch so vorstellen, daß der «reine» Mathematiker einen Vorrat möglicher Muster produziert und der «angewandte» Mathematiker, der Modellierer, versucht, das einer gegebenen Realität am besten entsprechende Muster zu finden. Je reicher, gestaltbarer der Rohstoff, desto besser das Modell – wer keinen Vorrat an Mathematik hat, kann keine guten Bilder machen. Und der menschliche Geist ist unglaublich erfinderisch, was neue Ordnungsmuster anbelangt: Mathematik wird erfunden, geschaffen, nicht entdeckt.

Modellieren ist also das Finden passender Beziehungen für betrachtete Objekte, wobei man natürlich abstrahiert, indem man von dem für die Vorhersage Unwesentlichen absieht. Logisch zulässig sind Modelle, wenn ihre Mathematik in sich stimmig ist, zum Beispiel wenn die Gleichungen Lösungen besitzen, die eindeutig sind etc. Die «Richtigkeit» ist natürlich keine innermathematische Frage: Man muß Konsequenzen aus dem Modell ziehen, Lösungen berechnen und mit der Beobachtung, dem Experiment vergleichen. Dies ist die Modellvalidierung – Modelle hängen immer von irgendwelchen Daten, Parametern ab, und die Validierung erfolgt für einige Parameterwerte, für die eben der Vergleich mit der Realität möglich ist; die Vorhersage besteht dann in der Nutzung des Modells für andere, nicht validierte Werte.

Selbstverständlich beschreibt, was ich hier Modellbildung und Validierung nenne, die Arbeitsweise der ganzen abendländischen Wissenschaft. Man «findet» die Newtonschen Gesetze anhand einiger Beobachtungen (zum Beispiel dem Fallen eines Apfels), erprobt sie an anderen Beobachtungen (zum Beispiel der Bewegung von Himmelskörpern) und wendet sie dann zur Vorhersage an (zum Beispiel der Bahn der Sonde *Voyager*). Die Kunst dabei ist natürlich, die richtigen Begriffe und Beziehungen zwischen ihnen zu finden (Beschleunigung, Kraft, proportional, träge = schwer) – und es ist nicht einfach, diese Modelle auszuwerten, die Gleichungen zu lösen.

Boltzmann – wir kommen zu unserem Beispiel – entdeckte um 1870, daß man sich ein Gas wie ein riesiges dreidimensionales Poolbillard vorstellen kann: Bis zu 10^{23} Moleküle pro Kubikmeter kollidieren wie Billardkugeln miteinander und mit den Wänden (zum Beispiel mit der äußeren Hülle eines Raumfahrzeugs), wobei ihre Impulsabgabe beim Auftreffen auf die Wände für den Gasdruck verantwortlich ist und die Abweichung ihrer Einzelgeschwindigkeiten von einer mittleren Geschwindigkeit für die Temperatur. Aus dieser Vorstellung läßt sich eine Gleichung – die Boltzmann-Gleichung – herleiten, die die zeitliche Entwicklung aller wichtigen Größen eines «dünnen» Gases (Dichte, Strömungsgeschwindigkeit, Temperatur) beschreibt. Sie ist äußerst komplex und läßt sich nur für einfache Gegebenheiten lösen und mit der Wirklichkeit vergleichen. Für interessante Probleme, zum Beispiel die Umströmung eines Raumfahrzeugs in etwa 100 Kilometer Höhe (dort ist das Gas dünn genug) ließ sich dieses Modell bis vor kurzem nicht auswerten; eine Vorhersage des Einflusses der Fahrzeugform auf die Erwärmung der Oberfläche war vor zehn Jahren noch nicht möglich.

Algorithmen und Computer

Wir sind jetzt bei der Frage angelangt, warum Modellieren heute neu in Mode gekommen ist, warum sich die Mathematik dieser Methode wieder verstärkt annimmt. Modelle, schon immer von mathematisch gebildeten Naturwissenschaftlern, Ingenieuren oder Ökonomen entwickelt, waren häufig einer Nutzung nicht zugänglich, weil ihre Validierung und ihre Auswertung zum Zweck der Vorhersage zu komplex waren. Hier hat nun der Computer eine vollständige Wende gebracht – mit ihm ist ein Hilfsmittel entstanden, das die Zuverlässigkeit und den Anwendungsbereich dieser wissenschaftlichen Methode ungeheuer erweitert. Sie heißt deshalb auch *scientific computing* und bedeutet die Auswertung mathematischer Modelle mit Hilfe des Computers. Natürlich: Modelle wurden auch schon in der Vergangenheit zum Zweck einer Vorhersage ausgewertet, wobei meist eine Näherungslösung genügte. Wenn man etwa zu biblischen Zeiten wissen wollte, wie lang der Zaun um ein in etwa kreisförmiges Weidefeld des Durchmessers d sein mußte (auch das ist ja Vorhersage), so multiplizierte man d mit 3 (das steht so im Alten Testament); in Indien benutzte man etwa zur gleichen Zeit $^{22}/_{7}$ statt 3 (was den biblischen Fehler bei $d = 100$ Meter von rund 14 Metern auf etwa 12 Zentimeter reduzierte; eine gewiß mehr als zufriedenstellende Genauigkeit). Heute weiß jedes Kind, daß der relevante Faktor π ist, und findet ihn in Tabellen und in seinem PC – allerdings hat kaum jemand eine Ahnung davon, wie der PC auf $\pi = 3{,}141592653\ldots$ kommt. In der Tat stecken ungeheure Mühen über Jahrhunderte in dem Prozeß, der es heute erlaubt, mit Hilfe von Superrechnern π mit einer Genauigkeit von über 500 Millionen Dezimalstellen zu berechnen (wobei hier weniger das Interesse des Hirten, der seine Weide umzäunen will, als vielmehr die Frage nach einer verborgenen Gesetzmäßigkeit einer solchen «transzendenten Zahl» die Motivation liefert). In diesem Beispiel ist das mathematische Modell der Kreis, und die Auswertung des Modells steckt in der approximativen Berechnung von π.

Die Physik hat im Lauf ihrer Geschichte unzählige und viel komplexere Modelle entwickelt. Da es ihr meist um das «Verstehen» von Naturgesetzen ging, konnte sie sich oft auf einfache geometrische Konfigurationen, auf für das Verständnis besonders nützliche Sonderfälle, beschränken: Die Modelle können dadurch oft vereinfacht und «per Hand» ausgewertet werden. So kann man zum Beispiel die Entzündung einer Flamme «verstehen», indem man diesen Prozeß mit dem plötzlichen Auftreten einer zweiten Lösung einer von der Temperatur abhängigen Gleichung identifiziert. Will man aber Naturverständnis in technische Gestaltung verwandeln – etwa die Zündungsvorgänge in einem Automotor optimal regeln –, so genügen einfache Spezialfälle und einfache Geometrien nicht mehr: Man muß das Modell, das Entstehung, Ablauf und Ausbreitung des Zündungsvorgangs in einem Motorzylinder beschreibt, auswerten. Dies meinte der führende deutsche Mathematiker der Jahrhundertwende, Felix Klein, wenn er sagte, daß Physik oft «eindimensional», Technik aber immer «dreidimensional» sei. Das Modellieren technischer Probleme ist oft einfach, aber die Auswertung, die Berechnung der Vorhersage, ist schwieriger: Man will eben viel mehr Details wissen. Deshalb spielt das *scientific computing* in der Technik und in der industriellen Entwicklung eine immer größere Rolle. Man simuliert technische Systeme, manchmal in *real time* – die Auswertung des Modells ist so schnell, daß auf dem Bildschirm die Bilder aufeinanderfolgender Zustände des Systems so rasch folgen wie in Wirklichkeit.

Mit ihren wachsenden Möglichkeiten ist auch die Naturwissenschaft anspruchsvoller geworden, sie erwartet mehr als nur qualitatives Verständnis von den Modellen: Klimaentwicklungen werden ebenso simuliert wie die Alterungsprozesse von Sternen. Dies ist vor allem dann wichtig, wenn Realexperimente (wie beim Klima oder in der Astrophysik) unmöglich oder (wie in der Raumfahrt die Erprobung verschiedener Fahrzeugformen) zu teuer sind.

Man hat viele verschiedene Namen für diese Verbindung von Modellierung und Berechnung geprägt: *computational science* oder Computersimulation oder einfach, wie der russische Mathematiker A. A.

Samarskij, Computerexperiment. Er unterscheidet drei Phasen bei so einem Experiment: Modell – Algorithmus – Programm (MAP, vielleicht die Abbildung = map der Wirklichkeit in den Computer). Algorithmen sind Vorschriften zur (im allgemeinen näherungsweisen) Lösung der Modellgleichungen; Programm meint die Realisierung dieser Vorschriften, die Erstellung von Software. Programme sind letztlich auch die Instrumente dieses Experiments; sie werden von Anwendern oft wie eine Black box, das heißt ohne genaue Kenntnis des Modells oder des Algorithmus, benutzt. Dabei verliert der Experimentator leicht die Mathematik aus den Augen, und nur, wenn etwas nicht funktioniert, etwa wenn das Experiment unglaubwürdige Werte liefert (oder jemand anderes mit anderen Instrumenten andere Ergebnisse erzielt), beginnt man über die «Richtigkeit» des Modells, über die Korrektheit der Algorithmen nachzudenken.

Neben der schon beschriebenen Mitwirkung beim Modellieren hat der Mathematiker heute vor allem die Aufgabe, Algorithmen zu entwickeln und nachzuweisen, daß diese das Gleichungssystem des Modells zumindest mit hinreichender Exaktheit lösen. Besonders bei der Implementierung dieser Algorithmen, dem P-Teil in MAP, wird er eine Zusammenarbeit mit dem Informatiker schätzen. Oft sind Modelle (etwa in der Klimatologie, aber auch für technische Systeme) Differentialgleichungen, und oft muß man versuchen, die aus diesen Differentialgleichungen zu errechnenden Funktionen durch endlich viele Funktionswerte anzunähern; dies ist Gegenstand der klassischen «analytischen Numerik». Insbesondere bei der Modellierung von Wirtschaftsprozessen, aber zum Beispiel auch von Transportsystemen oder bei dem Design von Computerchips ist dagegen eher die «diskrete» Mathematik (Kombinatorik, Graphentheorie) gefragt. Mehr und mehr erfordert die Auswertung von Modellen auch das Arbeiten mit algebraischen oder symbolischen Ausdrücken – das ist das sich schnell entwickelnde Feld der «Computeralgebra» oder, noch allgemeiner, der *symbolic computation.*

«Computeralgebrasysteme erlauben das interaktive, formelmäßige Rechnen mit mathematischen Objekten, wie sie etwa in der täglichen Arbeit eines Ingenieurs oder Physikers mit anspruchsvollem Hintergrund vorkommen. Im Unterschied zur numerischen Behandlung mathematischer Sachverhalte manipuliert Computeralgebra also Zeichen und Symbole. Eine ganz natürliche Sache, da Computer zu allem eher geeignet sind als zum Rechnen mit reellen Zahlen, denn eine beliebige reelle Zahl ist ja bekanntermaßen ein außerordentlich kompliziertes Gebilde, wohingegen ein Symbol, etwa der Buchstabe π, ein sehr einfach strukturiertes Objekt ist.» So beschreibt einer der deutschen Apologeten der Computeralgebra, Bruno Fuchssteiner aus Paderborn, sein Fach – hier und da etwas überpointierend (ich glaube doch, daß die «tägliche» Arbeit eines Ingenieurs auch mit «anspruchsvollem Hintergrund» etwas anders aussieht – zum Beispiel benötigt er oft genug den konkreten numerischen Wert 3,1415... anstelle des Symbols π), aber insgesamt zutreffend. *Symbolic computation* ist ein Teil des *scientific computing* und so an einer neuen Rolle der Mathematik wesentlich beteiligt – das von Benno Buchberger in Linz gegründete Research Institute for Symbolic Computation (RISC) kann mit vielen überzeugenden Beispielen aufwarten.

Da ich selbst der Numerik, den Algorithmen mit Zahlen, näherstehe (und dieses Gebiet insgesamt noch dominiert), stammt auch mein Anschauungsmaterial von dort. Zurück also zu unserem Poolbillard, mit Hilfe dessen wir die Erwärmung einer zur Erde zurückkehrenden Raumkapsel vorhersagen wollen. Können wir dieses Spiel im Rechner nachspielen? Erste Versuche des amerikanischen Mathematikers Stanislaw Ulam um 1940 in Los Alamos waren nicht sehr erfolgversprechend: Will man wirklich berechnen, welche von den ungeheuer vielen Billardkugeln wo und genau wie zusammenstoßen, sprengt man jeden Rahmen – auch dann, wenn man sich auf «Hochrechnungen» mit Stichproben von rund einer Million Bällen beschränkt und die Rechner der jüngsten Generation verwendet. Dieses Modell ist auch heute noch zu komplex, um eine vernünftige Computersimulation zu ermöglichen.

Die letzte der Hertzschen Regeln besagte schon, daß es immer mehrere «geeignete» Modelle gibt, und forderte, das sparsamste auszuwählen. Wir müssen also ein neues Billardspiel erfinden, das auf dem Computer leichter nachspielbar und trotzdem «richtig» ist, das also die uns interessierenden Größen wie Druck, Widerstand, Auftrieb und Temperatur genau genug vorhersagt. Man darf nicht vergessen: Auch Boltzmann beschrieb «die Wirklichkeit» nur in einem Bild, auch wenn uns dieses heute besonders natürlich, «physikalisch richtig» vorkommt. (Das war zu Boltzmanns «Jugendstilzeiten» gar nicht so; viele hielten sein Poolbillard für ein Hirngespinst – das Gefühl für die Glaubwürdigkeit dieser mathematischen Bilder ändert sich wohl wie jenes für die Schönheit in der Kunst.) Unser neues Bild behält den Gedanken, daß ein Zusammenstoß zweier Kugeln ein «Paarereignis» ist, das die Geschwindigkeiten der beiden beteiligten Kugeln ändert, bei, aber es gibt die Vorstellung vom örtlichen Zusammentreffen zweier Kollisionspartner auf. Statt dessen wählen wir zwei nicht zu weit voneinander entfernte Kugeln nach einer bestimmten mathematischen Zufallsregel (solche Verfahren heißen auch «Monte-Carlo-Verfahren») als Stoßpaar aus und errechnen nach einer weiteren solchen Regel die Geschwindigkeiten nach dem Stoß. Diese Regeln müssen natürlich so gewählt werden, daß das neue Spiel wie oben beschrieben «richtig» ist – und es ist keineswegs einfache Mathematik, diese Regeln zu finden. Man braucht sehr viel reine, das heißt bisher nicht angewandte Mathematik – guten Rohstoff für das Modell. Dieses ist mikroskopisch gesehen anders als unser Bild von der Natur, makroskopisch aber richtig. Und es ist ökonomischer: Es läßt sich auf dem Computer nachspielen, der auf diese Weise auf die Modelle und letztlich auch auf den Rohstoff, die Mathematik, zurückwirkt.

Weil mir dieser Prozeß – die durch das Auswertungswerkzeug bedingte Veränderung der Modelle weg von der Mikrophysik ohne Beeinträchtigung der Makrophysik – wichtig erscheint, will ich noch eine Analogie mit einem alltäglichen Phänomen erwähnen: In Europa beginnen Partnerschaften meist mit räumlichen Begegnungen – in der Schule, der Disco, beim Sport etc. Solche «Kollisionen» verändern das weitere Leben der neuen Partner, aber diese «mikroskopischen» Ereignisse bestimmen letztlich auch die Bevölkerungsstatistik, also das «makroskopische Verhalten» der Gesellschaft. Nun gibt es – in anderen Teilen der Welt – auch andere Modelle: Dort wählt vielleicht ein Heiratsvermittler nach bestimmten Regeln die Partner aus. Solche «Kollisionen» sind also nicht mehr räumliche Begegnungen – die Regeln des Heiratsvermittlers und seine (vielleicht zufälligen) Kenntnisse ersetzen diese. Das ist ein ganz anderes Modell – demographisch aber unter Umständen (das heißt von der Regel abhängend) nicht von unserem europäischen unterscheidbar. Vielleicht bietet es geringeres Vergnügen für die einzelnen, aber möglicherweise ist es gesellschaftspolitisch effizienter. Die Analogie zu unserem Billard ist hoffentlich deutlich.

Mit diesen Monte-Carlo-Verfahren sind heute auch schwierigste Strömungsprobleme in größeren Höhen mit völlig ausreichender Genauigkeit lösbar; dabei spielen die Verbesserung der Modelle, der Algorithmen und der Rechner zusammen – keine für sich wäre ausreichend. Dies bedeutet auch, daß es falsch ist, nur auf die Verbesserung der künstlichen Intelligenz zu hoffen und zu warten – die intensive Bemühung der natürlichen Intelligenz ist ebenso unabdingbar.

Visualisierung

Es bleibt – nach Modellierung und Berechnung – der letzte Schritt: Ein Computer produziert Symbol- oder Zahlenreihen, besonders letztere oft von ungeheurer Länge. Bei unserem Billard hat er die Orte und Geschwindigkeiten von rund einer Million Teilchen zu verschiedenen Zeiten berechnet. Wer liest und vor allem: wer deutet diese Zahlen? Verwandelt man die Zahlen in Bilder der Strömungsfelder (wobei etwa die Temperatur durch Färbung – gelb an Orten hoher, blau an solchen niedriger Temperatur – wiedergegeben wird), so hat man die wesentliche Information oft auf «einen Blick». Will man es dann ganz genau wissen, kann man anhand dieses Überblicks noch bestimmte Einzelheiten kontrollieren oder wenige Kennzahlen berechnen. Ohne Visualisierung sind die Daten oft wertlos. So zeigt am Ende der Bildschirm wieder ein Bild des Raumfahrzeugs, wobei dessen eigentliche Farbe aber nicht interessiert, sondern eben die Farben, die die physikalisch wichtigen Größen anzeigen. Strömungsbilder sind heute oft so bunt, daß man ihre englische Abkürzung CFD (Computational Fluid Dynamics) auch als Coloured Fluid Dynamics liest.

Wir betreten hier ein anderes interessantes Gebiet, in dem die Mathematik eine Rolle spielen kann: Wie kann man die unglaublichen Leistungen des menschlichen Gehirns bei der Speicherung, Verarbeitung und Ordnung so ungeheurer Datenmengen, wie sie etwa in Musik und Bildern vorliegen, verstehen? Wie viele Daten etwa in einem Orchesterwerk stecken, merkt man, wenn man es digitalisiert, zum Beispiel bei der Herstellung einer CD. Digitalisierte, also in Zahlenreihen verwandelte Musikstücke oder Filme sind gut handhabbar, das heißt störunanfällig speicher-, übertrag- und transformierbar. Will man ein Porträt in einen Computer bringen (um es zu speichern, zu bearbeiten etc.), so muß man alle Farbwerte, Bildelement für Bildelement, Pixel für Pixel, erfassen, und es ergeben sich leicht mehrere Megabyte Daten: Wie kann man den Rechner lehren, das zu tun, was wir jeden Tag ohne Mühe vollbringen, wenn wir durch die Fußgängerzone gehen und unter all den vielen Gesichtern, denen wir begegnen, das eines Bekannten, der sich seit unserer letzten Begegnung deutlich verändert hat, wiedererkennen? Da muß das «Urbild» gespeichert sein, und alle Gesichter, die wir sehen, müssen in atemberaubender Geschwindigkeit mit diesem Urbild verglichen, Abweichungen müssen als «möglich» erkannt werden etc. Kein herkömmlicher Computer kommt auch nur in die Nähe der Leistungen unseres Gehirns (obgleich Neuronen recht langsam arbeiten) – deshalb sind «neuronale Netze», primitive Nachbildungen unseres Gehirns, sehr in Mode. Auch hierfür braucht man mathematische Modelle, auch hier spielen numerische und symbolische Algorithmen eine entscheidende Rolle.

Ein sehr wichtiger Aspekt ist die Datenreduktion: Vielleicht ist die pixelweise Darstellung nur eine besonders ungeschickte Methode, und man findet andere, viel sparsamere Möglichkeiten? Es gibt viele Ideen zur Datenreduktion, deren Effizienz natürlich auch von dem jeweiligen Bild abhängt. Ein Ansatz hat in den letzten Jahren die größte öffentliche Aufmerksamkeit gefunden: die Idee der fraktalen Geometrie mit ihren Stichworten Selbstähnlichkeit, dynamische Systeme und Chaos. Obwohl unter Mathematikern umstritten, verdient sie nach meiner Meinung durchaus Beachtung. Auf jeden Fall hat es schon immer die Gemüter bewegt, wenn hinter sehr komplex wirkenden Erscheinungen verblüffend einfache Gesetze gefunden wurden. Daß sich zum Beispiel die vielfältigen Bewegungen der Himmelskörper mit ganz wenigen Gesetzen erklären lassen, ist eine der berühmtesten Entdeckungen der Wissenschaft – und ist zugleich Datenreduktion in Perfektion. Man braucht nur die Daten der Körper zu *einem* Zeitpunkt, um ihre Bahnen, das heißt ihre Daten zu allen späteren Zeitpunkten vorhersagen zu können. Und es ist die Entdeckung der fraktalen Geometrie, daß sich die Bilder wilder Landschaften und feingliedriger Pflanzen aus einfachen Gesetzen mit wenigen wählbaren Parametern (den «Daten» dieser Bilder) gewinnen lassen. Der Weg vom Bild zum Gesetz ist Datenreduktion; die Tatsache, daß einfache Gesetze so chaotisch oder zufällig wirkende Konsequenzen haben können, ist Ausgangspunkt vieler philosophischer Spekulationen. Dies alles hat die fraktale Geometrie in der Öffentlichkeit als die moderne Mathematik schlechthin erscheinen lassen; das ist sie sicher nicht – aber es sollte für Mathematiker ein

Grund der Freude sein, wenn wenigstens einzelne Facetten ihrer Wissenschaft so große Beachtung finden.

Natürlich ist dies nur ein Teilaspekt meines letzten Stichworts «Visualisierung». Letztlich geht es aber immer darum, daß am Ende jedes wissenschaftlichen Prozesses, auch dem der Computersimulation, Erkenntnis stehen soll, und diese ist ein Prozeß in unserem Gehirn. Die Ergebnisse müssen also in einer den Sinnen gut zugänglichen Weise aufbereitet werden. So stehen am Ende der Computersimulation wieder Bilder – natürlich manipulierte, vereinfachte, zweckbestimmte Bilder: Sie sollen der Vorhersage vorher festgelegter Aspekte dienen, nicht eine umfassende Wahrheit widerspiegeln. Wenn man sich dessen – und auch der möglichen Fehlerquellen in Modell und Algorithmus – bewußt ist, ist Computersimulation ein mächtiges Hilfsmittel. Vergißt man dies, nimmt man diese virtuelle Welt als Wirklichkeit, ist man sehr leicht täusch- und manipulierbar.

Schlußbemerkung

Der Computer hat der Mathematik durch mathematische Modellierung, Berechnung und Visualisierung neue Möglichkeiten und natürlich auch neue Aufgaben eröffnet. Dies alles verändert auch die Mathematik selbst: Gleichungen werden interessant, weil sie Modelle darstellen, Algebra und Logik werden zu Computeralgebra und zu *symbolic computation*, die Geometrie verlagert ihre Schwerpunkte.

Der Antrieb aber, Mathematik zu betreiben, verändert sich nicht grundlegend; Mathematiker zu sein ist Profession und Passion zugleich. Natürlich: Wir sollen und wollen nützlich sein. Aber wir können es nur, wenn wir etwas Freiraum behalten für das Spiel, die freie Entfaltung der Kreativität. Unsere Modelle, Algorithmen und Bilder werden nur gut und wirklich neu, wenn wir Zeit und Muße finden, die Phantasie spielen zu lassen. Vermutlich geht es uns dabei wie den Künstlern.

Jürgen Lehn und Stefan Rettig

Deterministischer Zufall

Zufall und Wahrscheinlichkeitstheorie

Zufälle bestimmen unseren Alltag. Will man zum Beispiel die Genauigkeit von Marktanalysen richtig einschätzen, muß man sich mit den Zufälligkeiten auseinandersetzen, die bei der Auswahl der Befragten eingehen. Der Zufall spielt auch in Naturwissenschaft und Technik eine große Rolle. Will man etwa bei einem Gerät abschätzen, wann sinnvollerweise die erste technische Überprüfung stattfinden soll, so ist man daran interessiert, daß dies wegen der entstehenden Prüfkosten nicht unnötig früh geschieht – aber doch so frühzeitig, daß der Zeitpunkt mit einiger Sicherheit vor dem ersten auftretenden Defekt des Geräts liegt. Wegen der zufallsabhängigen Alterungserscheinungen, die bei vielen Bauteilen eines Geräts auftreten, und den Zufällen, die im täglichen Umgang mit dem Gerät Schäden verursachen können, kann man für die Zeitdauer bis zum ersten Defekt allenfalls einen Durchschnittswert angeben, der jedoch in einem konkreten Einzelfall beträchtlich über- oder unterschritten werden kann. Ähnliche Probleme treten auch bei Studien über die Sicherheit von technischen Anlagen auf. Hier sind es ebenfalls zufällig auftretende Ereignisse, die einzeln durch Sicherheitssysteme beherrschbar sind, aber bei zufälligem gleichzeitigem Eintreten zu Katastrophen führen können.

Die mathematische Theorie, die sich mit diesen Fragestellungen beschäftigt, ist die Wahrscheinlichkeitstheorie. Sie entwickelte sich aus der rechnerischen Behandlung von Glücksspielen und hatte ihre Anfänge im 17. Jahrhundert. Wesentliche Fortschritte brachten die Arbeiten von C. F. Gauß, der Anfang des 19. Jahrhunderts wahrscheinlichkeitstheoretische Überlegungen unter anderem zur Behandlung von Meßfehlern angestellt hat. Die 10-DM-Banknote erinnert an seine wissenschaftlichen Leistungen. Ihren Siegeszug als anwendungsnahe mathematische Disziplin konnte die Wahrscheinlichkeitstheorie aber erst vor etwa sechzig Jahren antreten, nachdem wesentliche theoretische Grundlagen insbesondere von russischen Mathematikern gelegt worden waren. Das Erscheinen der in deutscher Sprache abgefaßten Monographie *Grundbegriffe der Wahrscheinlichkeitsrechnung* von A. N. Kolmogoroff im Jahr 1933 gilt als Beginn der modernen Wahrscheinlichkeitstheorie, zu deren Anwendungsgebieten die mathematische Statistik, die Warteschlangentheorie, die Zuverlässigkeitstheorie, die statistischen Methoden der Qualitätssteigerung und Teile der mathematischen Ökonomie gehören.

Wahrscheinlichkeitstheoretische Modelle, mit denen reale Problemstellungen formalisiert werden, sind insbesondere dann, wenn realistische, die Anwendungssituation in ihrer ganzen Komplexität wiedergebende Beschreibungen gewählt werden, nur mit großem mathematischem Aufwand zu beherrschen. Die klassischen Lösungsmethoden reichen in vielen Fällen nicht aus, um die gestellten Fragen angemessen zu beantworten.

Stochastische Simulation und Pseudozufallszahlen

Es müssen neue Wege beschritten werden, um bei komplexen Fragestellungen zu konkreten Antworten zu kommen. Das Zauberwort heißt «stochastische Simulation». (Wenngleich nicht präzise, ist der Ausdruck doch zu einem festen Terminus geworden. Eigentlich müßte man von der «Simulation stochastischer Vorgänge» sprechen.) Die Zufälligkeiten werden auf dem Rechner nachgespielt, wobei allerdings kein echter Zufall ins Spiel kommt, sondern streng deterministische Algorithmen verwendet werden. Die Quelle des Zufalls sind Rechenformeln, mit denen Serien von sogenannten Pseudozufallszahlen erzeugt werden, die zwar auf den ersten Blick wie zufällige Serien aussehen, in Wirklichkeit aber durch die verwendeten Rechenformeln streng determiniert sind. Man spricht von Pseudozufallszahlen, weil sie den Zufall nur vortäuschen. Sie sind der Stoff, aus dem die stochastischen Simulationen gemacht sind. Der Zufall aus dem Computer ist also kein wirklicher Zufall, sondern deterministischer Zufall.

Mathematiker bemühen sich zwar weiterhin um eine Verbesserung direkter analytischer Methoden, mit denen man Lösungen für Probleme der Wahrscheinlichkeitstheorie herleiten kann; durch die Computerentwicklung hat sich jedoch der neue Weg der stochastischen Simulation aufgetan: Auf der Grundlage mathematischer Modelle, die die realen Problemstellungen hinreichend genau beschreiben, spielt der Computer zufällige Vorgänge, die in der Realität Tage, Monate, Jahre oder Jahrzehnte dauern, in nur wenigen Sekunden nach. Und das nicht nur einmal! Wegen der enormen Rechengeschwindigkeit, mit der moderne Computer arbeiten, kann der zu untersuchende Vorgang mit all seinen Zufälligkeiten tausendfach, ja zehntausendfach simuliert werden. Dabei wird gezählt, wie oft sich bei den vielen Simulationsläufen ein gewisses interessierendes Ergebnis einstellt. Die relative Häufigkeit, mit der es bei den Simulationen vorkommt, ist dann ein sehr genauer Schätzwert für die Wahrscheinlichkeit, mit der ein diesem Ergebnis in der praktischen Problemstellung entsprechender Zustand eintritt. Daß bei dieser Vorgehensweise kein wirklicher Zufall zum Zuge kommt, sondern wegen der Verwendung von Pseudozufallszahlen nur deterministischer Zufall in die Berechnungen eingeht, beeinträchtigt die Wirksamkeit der Methode in keiner Weise.

Würfeln mit dem Computer

Wie man bei stochastischen Simulationen vorgeht, soll an einem Beispiel verdeutlicht werden. In den frühen Tagen der Wahrscheinlichkeitstheorie, im 17. Jahrhundert, wurden Fragen studiert wie die folgende: Was ist wahrscheinlicher, mit drei Würfeln die Augensumme 11 oder die Augensumme 12 zu werfen? Oder sind beide Wahrscheinlichkeiten gleich, da man ja beide Summen jeweils auf genau sechs Arten erreichen kann?

Summe 11:	$1+4+6$	$1+5+5$	$2+3+6$	$2+4+5$	$3+3+5$
	$3+4+4$				
Summe 12:	$1+5+6$	$2+4+6$	$2+5+5$	$3+3+6$	$3+4+5$
	$4+4+4$				

Eine genaue wahrscheinlichkeitstheoretische Analyse zeigt jedoch, daß die angegebenen Zahlenkombinationen nicht gleich wahrscheinlich sind. So gibt es zum Beispiel für die Kombination $1+4+6$ sechs Würfelkonstellationen, für $1+5+5$ aber nur drei und für $4+4+4$ gar nur eine einzige! Da es insgesamt $6 \times 6 \times 6 = 216$ verschiedene Würfelkonstellationen gibt, erhält man für die Summe 11 die Wahrscheinlichkeit

$$(6+3+6+6+3+3)/216 = 27/216 = 0.1250$$

und für die Summe 12

$$(6+6+3+3+6+1)/216 = 25/216 = 0.1157$$

Die Wahrscheinlichkeit für die Summe 11 ist also größer.

Man könnte diese Frage aber mit jedem programmierbaren Taschenrechner auch so beantworten, daß man ihn zehntausendmal «würfeln» läßt und die relativen Häufigkeiten ermittelt, mit denen die beiden Summenwerte auftreten. Es wurde ein solches Experiment durchgeführt, und für die beiden relativen Häufigkeiten ergab sich

$$\frac{1229}{10000} = 0.1229 \text{ bzw. } \frac{1162}{10000} = 0.1162$$

Obwohl es sich bei diesen Werten nur um Näherungen handelt, zeigen sie doch deutlich, daß die erste Wahrscheinlichkeit größer ist.

Das Programm für das wiederholte Werfen von drei Würfeln zu schreiben ist für einen gewieften Schüler kein Problem. Er wird sich bei der Programmierung zunutze machen, daß in praktisch jeder Programmiersprache Pseudozufallszahlen abgerufen werden können, in der Regel mit dem Befehl RND (random). Diese Pseudozufallszahlen sind Zahlen zwischen 0 und 1. Der Computer produziert sie nacheinander so, daß man zum Beispiel mit der Wahrscheinlichkeit 1/2 mit einer Zahl zwischen 0 und 0.5 rechnen kann. Ebenso kann man mit der Wahrscheinlichkeit 1/2 eine Zahl zwischen 0.25 und 0.75 und mit der Wahrscheinlichkeit 1/5 eine Zahl zwischen 0.315 und 0.515 erwarten. Die produzierten Zahlen sind im Intervall [0,1] gleichmäßig verteilt: Sie liegen in einem bestimmten Teilintervall [a,b] jeweils mit einer Wahrscheinlichkeit, die durch die Länge $b-a$ des Teilintervalls gegeben ist.

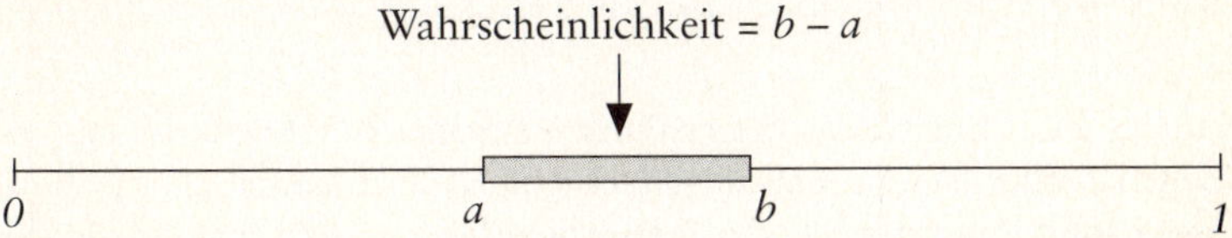

Produziert der Computer solche Pseudozufallszahlen, so kann man ihm leicht das Würfeln beibringen. Man teilt das Intervall in sechs gleichlange Teilintervalle und legt fest: Liegt die vom Computer ermittelte Pseudozufallszahl im ersten Teilintervall, so ist das Würfelergebnis 1, liegt sie im zweiten Teilintervall, so ist das Würfelergebnis 2, usw.

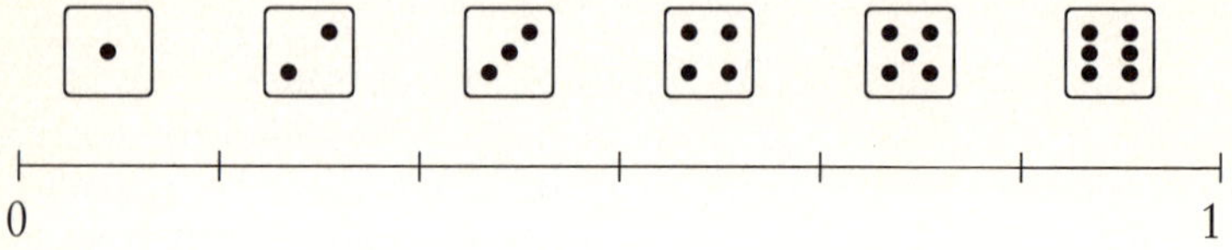

Zufallsregen

Man kann diese Zahlen aber auch so verwenden, daß man sie paarweise zusammenfaßt und jeweils die erste als waagerechte Koordinate und die zweite als senkrechte Koordinate eines Punktes in einem rechtwinkligen Koordinatensystem nimmt. Da beide Zahlen zwischen 0 und 1 liegen, entstehen auf diese Weise zufällige Punkte des Einheitsquadrats. Man kann sich den Vorgang wie einen Zufallsregen im Einheitsquadrat vorstellen. Bei hundert zufällig erzeugten Punkten ergibt sich ein Bild wie das folgende:

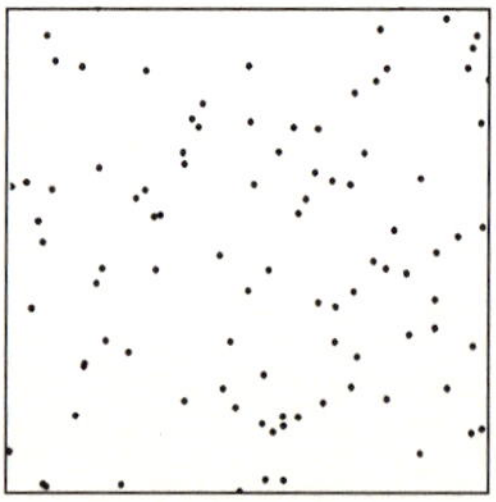

Aufgrund des Entstehens dieser Punkte aus gleichmäßig verteilten zufälligen Zahlen ist klar, daß sie sich ebenfalls gleichmäßig, aber jetzt im Einheitsquadrat, verteilen. Die Wahrscheinlichkeit, daß ein Punkt in das in der nachfolgenden Skizze angegebene Rechteck fällt, ist gleich 0.15. Sie entspricht also dem Flächeninhalt $0.5 \times 0.3 = 0.15$ des Vierecks.

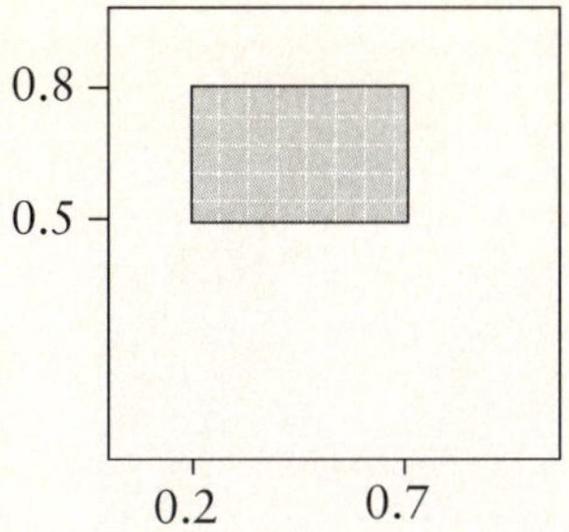

Berechnung von Flächeninhalten

Diese Beobachtung ist die Grundidee für die Anwendung zufälliger Zahlen auch bei der Lösung von mathematischen Problemen, bei denen der Zufall zunächst gar keine Rolle spielt. Ein in Naturwissenschaft und Technik immer wiederkehrendes Problem ist die Bestimmung von Flächeninhalten oder Volumina, welches mathematisch gesprochen dem Problem der Berechnung von sogenannten bestimmten Integralen entspricht. Nun sind aber Flächeninhalte und Volumina eindeutig bestimmte Größen, die nichts Zufälliges an sich haben. Trotzdem ist es hier sinnvoll, aus dem rein deterministischen Problem des Ausmessens von Flächenstücken, räumlichen Figuren oder höherdimensionalen Bereichen ein stochastisches Problem zu machen, weil in vielen Fällen die traditionellen Ausmessungsmethoden der Integralrechnung versagen. Wie dabei der Zufallsregen zum Tragen kommt, soll an folgendem Beispiel verdeutlicht werden.

Betrachten wir dazu eine reellwertige Funktion $f(x)$ mit einer reellen Veränderlichen x, die wir der Einfachheit halber als auf dem Einheitsintervall gegeben, als stetig und als beschränkt mit Werten zwischen 0 und 1 voraussetzen. Dann ist das Integral dieser Funktion nichts anderes als der in der nachfolgenden Skizze schattierte Flächeninhalt des Flächenstücks im Einheitsquadrat unterhalb des Funktionsgraphen.

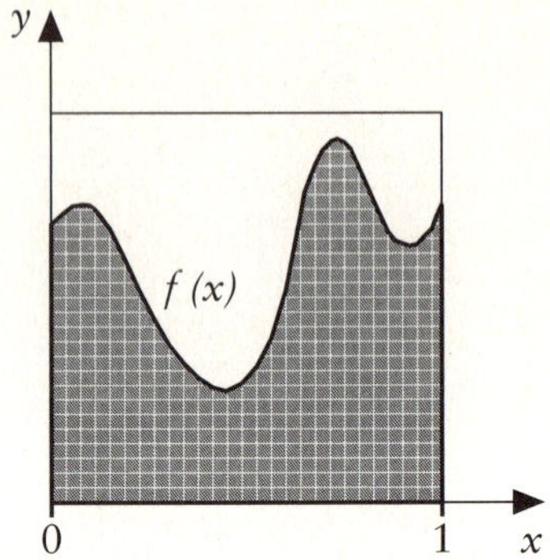

Lassen wir jetzt eine sehr große Zahl von zufälligen Punkten ins Einheitsquadrat hineinregnen, so wird ein Teil der Punkte in den schattierten Bereich hineinfallen, während die restlichen Punkte außerhalb zu liegen kommen. Die Anzahl der Punkte im schattierten Bereich verhält sich zur Gesamtzahl der erzeugten Punkte wie der Flächeninhalt des schattierten Bereichs zum Flächeninhalt 1 des Einheitsquadrats. Bestimmen wir also die relative Häufigkeit derjenigen Punkte, die in die schattierte Fläche fallen, so ist dies ein guter Näherungswert für den gesuchten Flächeninhalt und damit für den Wert des Integrals.

Diese simple Idee kann auch bei der Integration von Funktionen mit mehreren Veränderlichen angewandt werden. Insbesondere in der theoretischen Physik treten häufig Probleme auf, bei denen mehrdimensionale Bereichsintegrale zu bestimmen sind. Dann gibt es in der Regel keine andere Möglichkeit, als das deterministische Problem einer Flächen- oder Volumenbestimmung, das die Berechnung eines bestimmten Integrals immer darstellt, mit dem stochastischen Hilfsmittel der zufälligen Punkte zu lösen. Die Integration mit Hilfe des Zufallsregens heißt Monte-Carlo-Integration.

Monte-Carlo-Methoden

Alle Methoden, die auf dem Nachspielen von Zufälligkeiten mit Hilfe von zufälligen Zahlen oder Punkten beruhen, heißen Monte-Carlo-Methoden. Ihren Namen haben sie vom Spielcasino in Monte Carlo, wo an den Roulette-Tischen ständig zufällige Zahlen produziert werden. Dabei handelt es sich allerdings um echten Zufall, während bei der Anwendung von Monte-Carlo-Methoden auf Computern deterministischer Zufall in Form von Pseudozufallszahlen verwendet wird. Die am Roulette-Tisch erzeugten Zahlen sind allerdings keine Zahlen im Intervall [0,1], sondern es treten ganze Zahlen zwischen 0 und 36 auf, und zwar jede mit der Wahrscheinlichkeit 1/37.

Spielbanken veröffentlichen sogenannte Permanenzen, das heißt Protokolle über die Ausspielungen der Roulette-Tische. Sie sind dazu gesetzlich verpflichtet, damit die Behörden überprüfen können, ob die Roulette-Räder dahingehend manipuliert sind, daß einzelne Zahlen häufiger erscheinen als andere. Diese Roulette-Permanenzen könnten natürlich in einem Computer gespeichert werden. Man könnte sie der Reihe nach abrufen und durch geschicktes Verrechnen daraus zufällige Zahlen machen, die im Intervall [0,1] gleichmäßig verteilt sind. Doch dies würde enormen Speicherplatz beanspruchen, und die Rechenzeit zur Erzeugung von Zahlen im Einheitsintervall mit genügend vielen Nachkommastellen wäre unvertretbar lang. Dieses Vorgehen wäre auch nicht sehr effizient, da die Ergebnisse sehr vieler Ausspielungen eines Roulette-Tischs benötigt würden, um nur eine einzige Zufallszahl zwischen 0 und 1 zu erhalten. Gleiches gilt für wirklichen Zufall, den man mit Hilfe physikalischer Prozesse wie zum Beispiel radioaktivem Zerfall gewinnen könnte. Der deterministische Zufall auf der Grundlage von Pseudozufallszahlen erweist sich bei der Erstellung von Computerprogrammen als das geeignetere Mittel.

Eigenschaften von Zufallszahlen

Moderne Computer benutzen zur Erzeugung von Folgen von Pseudozufallszahlen schnelle Algorithmen, die auf sehr einfachen Rechenvorschriften basieren. Die Zahlenfolgen werden also auf streng deterministischem Weg produziert. Sie haben überhaupt nichts Zufälliges an sich, sind aber von wirklich zufälligen Zahlenfolgen kaum zu unterscheiden. Auf was es bei solchen Erzeugungsalgorithmen ankommt, die man auch Zufallsgeneratoren nennt, soll an Beispielen verdeutlicht werden. Die folgenden Zahlenreihen bestehen jeweils aus 120 ganzen Zahlen zwischen 1 und 6. Es sind Serien, wie sie entstehen, wenn ein Würfel 120mal geworfen wird.

Serie 1

1 2 2 5 2 6 6 3 4 6 3 4 2 4 4 3 4 6 5 6

3 2 5 6 6 1 5 1 3 1 4 1 4 6 6 5 6 6 2 3

3 4 6 2 4 2 1 1 2 3 2 4 1 5 3 5 5 5 4 6

4 4 5 6 3 3 5 6 4 2 6 1 6 1 2 2 4 3 4 2

5 5 4 5 3 5 2 3 4 2 2 3 6 3 1 3 2 4 3 5

3 6 2 2 1 5 5 1 5 6 3 6 6 4 5 1 3 3 1 6

Serie 2

1 2 3 2 4 1 1 2 5 2 6 3 4 6 3 4 2 4 3 4

6 5 6 3 2 5 6 1 5 1 3 1 4 1 4 6 5 6 6 2

3 4 6 2 4 2 1 5 3 5 4 6 4 5 6 5 3 3 5 6

4 2 6 1 6 1 2 4 3 4 2 5 4 5 3 5 2 3 4 2

3 6 3 1 3 2 4 3 5 3 6 2 2 1 5 1 5 6 3 6

4 5 1 3 1 6 1 3 2 1 6 1 3 4 5 4 5 3 2 5

Serie 3

1 3 4 2 5 6 6 3 2 1 4 4 5 3 2 1 1 4 3 6

3 2 2 4 5 3 3 1 1 4 1 5 3 2 1 6 6 5 4 3

2 4 1 1 2 4 3 6 6 1 4 5 5 2 3 4 1 1 2 6

4 3 3 2 1 6 6 5 4 1 3 2 2 4 3 2 1 4 6 5

3 2 1 4 6 5 3 2 1 4 6 5 3 2 1 4 6 5 3 2

1 4 6 5 3 2 1 4 6 5 3 2 1 4 6 5 3 2 1 4

Auf den ersten Blick könnte man jede der drei Serien für ein Protokoll von 120fachem Würfeln halten. Bei genauerem Hinsehen fällt bei der dritten Serie jedoch auf, daß sich nach längerer Unregelmäßigkeit der Zahlenfolge plötzlich nacheinander die Zahlen 3, 2, 1, 4, 6 und 5 einstellen, die sich dann stets in dieser Reihenfolge wiederholen. Das widerspricht unserer Vorstellung von Zufälligkeit. Bei der dritten Serie kann es sich daher nicht um eine mit einem Würfel erzeugte Folge handeln.

Auch die zweite Serie hat einen Defekt, der sie als künstliche Folge entlarvt. Dieser Defekt ist aber sehr viel schwerer zu erkennen. Bei wirklich zufälligen Folgen von Würfelergebnissen müßte etwa in einem Sechstel der Fälle eine Zahl mit ihrem Vorgänger übereinstimmen, denn der Würfel merkt sich ja das im vorherigen Wurf produzierte Ergebnis nicht. Er läßt bei jedem Wurf jede der Zahlen mit derselben Wahrscheinlichkeit erscheinen, also in einem Sechstel der Fälle dieselbe wie vorher. In einer Serie von 120 Würfelergebnissen werden daher ungefähr 20 Zwillinge auftreten, das heißt Fälle, in denen zwei aufeinanderfolgende Zahlen gleich sind. Dies ist bei Serie 2 nicht der Fall. Es gibt nur vier solcher Fälle. Dieser Wert liegt so weit unter dem erwarteten, daß Serie 2 daran als künstliche Folge erkennbar ist.

Dieser Defekt, die zu geringe Zahl von Zwillingen, tritt meistens auf, wenn man jemanden bittet, zwei Protokolle einer bestimmten Anzahl von Würfelergebnissen zu erstellen, eins mit einem Würfel und eins mit Bleistift und Papier. Im zweiten Fall werden die einzelnen Zahlen in etwa gleich oft aufgeschrieben. Die meisten Versuchspersonen nehmen jedoch zuwenig Paare in die erfundene Serie auf. Es gibt die psychologische Sperre: «Was ich gerade geschrieben habe, kann ich doch nicht schon wieder schreiben, wenn es zufällig aussehen soll.»

Die Serie 1 enthält 19 Zwillinge und einen Drilling, von denen bei 120 Würfen im Mittel drei auftreten sollten. Die geringe Zahl von Zwillingen und das gänzliche Fehlen von Drillingen in der Serie 2 ist eine Störung der höherdimensionalen Verteilung dieser Zahlenfolge: Wie die einzelnen Zahlen gleichmäßig verteilt sein sollten, d. h. mit etwa gleicher Häufigkeit in der Folge vorhanden sein müßten, so sollten auch die 36 möglichen Paare in etwa gleich oft erscheinen. Bei Serie 1 ist das der Fall, wie man aus folgender Tabelle entnimmt, während bei Serie 2 wegen der zu geringen Zahl der Zwillinge auf der Diagonale der Tabelle ein Einbruch erkennbar ist.

Anzahl der Paare (x_i, x_{i+1})

Serie 1

x_i \ x_{i+1}	1	2	3	4	5	6
1	**1**	3	3	2	4	2
2	2	**4**	4	5	3	2
3	3	3	**3**	6	4	3
4	2	5	3	**2**	3	5
5	3	2	3	2	**4**	6
6	3	3	6	3	2	**5**

Serie 2

x_i \ x_{i+1}	1	2	3	4	5	6
1	**1**	3	5	2	4	3
2	3	**1**	4	5	4	2
3	3	5	**1**	7	4	3
4	2	5	3	**0**	5	5
5	3	2	5	3	**0**	6
6	5	3	5	3	3	**1**

Neben der in Serie 3 auftretenden Schleifenbildung ist die gestörte höherdimensionale Verteilung ein schwerer Defekt, den Zahlenfolgen nicht haben dürfen, wenn sie als zufällig angesehen werden sollen. Aber gerade diese beiden Defekte hatten die Zahlenfolgen, die mit Hilfe der ersten in der Praxis angewandten Algorithmen erzeugt wurden, und es gibt auch heute noch viele Software-Systeme, deren Zufallsgeneratoren Zahlenfolgen mit Schleifen geringer Länge oder schlechter höherdimensionaler Verteilung erzeugen.

Frühe Beispiele für Erzeugungsalgorithmen

Eine der ersten Methoden, die für die Erzeugung von Pseudozufallszahlen verwendet wurde, ist die Middle-Square-Methode. Sie wird John von Neumann, einem Pionier der Computerentwicklung, zugeschrieben.

Zunächst wählt man eine reelle Zahl u_0 zwischen 0 und 1 mit einer geraden Anzahl k von Dezimalstellen nach dem Komma. Diese Zahl wird quadriert, so daß eine Zahl u_0^2 mit $2k$ Dezimalstellen nach dem Komma entsteht. Dann werden aus dieser Zahl die mittleren k Ziffern herausgegriffen und als Nachkommastellen für eine Zahl u_1 zwischen 0 und 1 gewählt. Dieses Verfahren wird wiederholt, so daß eine Folge u_0, u_1, u_2,... entsteht. Sei z. B. $k = 4$ und $u_0 = 0.3572$. Dann erhält man $u_0^2 = 0.12759184$ und $u_1 = 0.7591$. Es entsteht dadurch die Folge

$$u_0 = 0.3572, \quad u_1 = 0.7591, \quad u_2 = 0.6232, \quad u_3 = 0.8378, \quad u_4 = 0.1908, \ldots$$

Auf diese Weise erhält man zunächst eine mehr oder weniger zufällig variierende Folge, bis dann die Zahlen

$$u_{16} = 0.6100, \quad u_{17} = 0.2100, \quad u_{18} = 0.4100, \quad u_{19} = 0.8100, \quad u_{20} = 0.6100, \ldots$$

erscheinen und wegen $u_{16} = u_{20}$ dieselben vier Zahlen nacheinander immer wieder erzeugt werden. Es zeigt sich also, daß eine mit dieser Methode produzierte Folge eine sehr kurze Schleife enthalten kann, die immer wiederholt wird. Diese Eigenschaft macht die Methode jedoch unbrauchbar für die Erzeugung von Zahlen, die als Input für stochastische Simulationen dienen sollen.

Auch der sogenannte Fibonacci-Generator ist ein untauglicher Algorithmus. Bei ihm ist es nicht die Schleifenbildung, die seiner Verwendung entgegensteht, sondern ein Defekt der dreidimensionalen Verteilung der erzeugten Punktfolgen. Der Algorithmus beruht auf der Rekursionsformel $a_{i+1} = a_i + a_{i-1}$, die mit den Startwerten $a_0 = 0$, $a_1 = 1$ die Folge

0 1 2 3 5 8 13 21 34 55 89 144 233...

der berühmten Fibonacci-Zahlen erzeugt, die im Zusammenhang mit der Vermehrung von Kaninchen vom italienischen Mathematiker Leonardo von Pisa (genannt Fibonacci) im 13. Jahrhundert entwickelt wurde. Der Algorithmus ist beschrieben durch die Rechenformel

$$u_{i+1} = u_i + u_{i-1} \,(mod\, 1)$$

mit zwei Startzahlen u_0 und u_1 zwischen 0 und 1. Der in Klammern stehende Zusatz «*mod* 1» bedeutet, daß diese Formel wie folgt zu lesen ist: Die neue Zahl ist die Summe der beiden vorangehenden Zahlen, aber nur falls diese Summe kleiner als 1 ausfällt. Wenn jedoch bei dieser Summe eine 1 vor dem Dezimalpunkt steht, wird diese in 0 abgeändert.

Beginnt man z. B. mit $u_0 = 0.1389572$ und $u_1 = 0.8284973$, so erhält man die Folge

$u_0 = 0.1389572$ $\quad u_1 = 0.8284973$ $\quad u_2 = 0.9674545$
$u_3 = 0.7959518$ $\quad u_4 = 0.7634063$ $\quad u_5 = 0.5593581$
$u_6 = 0.3227644$ $\quad u_7 = 0.8821225$ $\quad u_8 = 0.2048869$
$u_9 = 0.0870094$ $\quad u_{10} = 0.2918963$ $\quad u_{11} = \ldots$

Die so entstehenden Folgen erscheinen zunächst zufällig, aber eine tiefer gehende Untersuchung macht deutlich, daß sie für stochastische Simulationen nicht brauchbar sind. Wenn man nämlich die Folge von jeweils drei aufeinanderfolgenden Zahlen betrachtet, so zeigt es sich, daß die zugehörigen Punkte keineswegs gleichmäßig im Einheitswürfel verteilt sind, sondern auf nur zwei Ebenen fallen, die in der folgenden Skizze eingezeichnet sind:

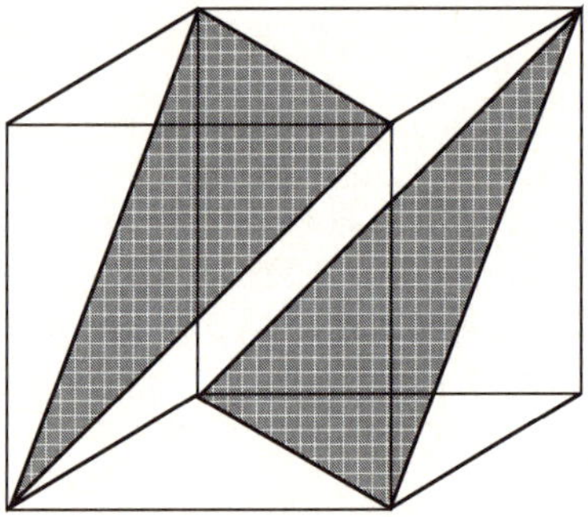

Lineare Kongruenzgeneratoren

In den meisten Computern der Welt entsteht deterministischer Zufall durch die Erzeugung von Pseudozufallszahlen mit linearen Kongruenzgeneratoren. Diese sind gegeben durch die Formel

$$x_{i+1} = a \times x_i + b \,(mod\, m)$$

mit einem Multiplikator a, einem additiven Term b, einem Startwert x_0 und einem Modul m, der eine große Zahl ist, für die oft die größte im Computer erzeugbare ganze Zahl gewählt wird. Die anderen Parameter a, b und x_0 sind ebenfalls ganze Zahlen, die Werte zwischen 0 und $m-1$ haben.

Bei der obigen Formel bedeutet der in Klammern stehende Zusatz «*mod m*», daß sie so zu lesen ist: Die der Zahl x_i nachfolgende Zahl x_{i+1} ist der ganzzahlige Rest bei der Division von $a \times x_i + b$ durch den Modul m. Beim Rechnen mit ganzzahligen Resten spricht man von Kongruenz-Rechnung oder Modulo-Rechnung, woraus sich die Bezeichnung Modul für die Zahl m, bezüglich der die Reste gebildet werden, herleitet.

Im Intervall [0,1] gleichverteilte Pseudozufallszahlen $u_0, u_1, u_2, \dots$ erhält man dann aus der Folge $x_0, x_1, x_2, \dots$, indem man diese Zahlen durch den Modul m dividiert. Im ersten Schritt entsteht also eine bunt gewürfelte Folge von Zahlen zwischen 0 und $m-1$ und nach der Division durch m eine ebenso bunt gewürfelte Folge von Zahlen im Einheitsintervall [0,1], die bei geeignet gewählten Parametern a, b und m den Eindruck erweckt, als sei sie ganz zufällig und ohne festes Bildungsgesetz entstanden. Es ist allerdings nicht einfach, mit diesen Formeln auch guten deterministischen Zufall zu erzeugen. Die geeignete Wahl der Parameter a, b und m in der Rekursionsformel ist ein kompliziertes mathematisches Problem. Lineare Kongruenzgeneratoren heißen diese Erzeugungsformeln, da Formeln, in denen nur eine Multiplikation und eine Addition vorkommt, in der Mathematik als lineare Formeln bezeichnet werden.

Alle mit dieser Methode erzeugten Zahlenfolgen sind periodisch mit einer Periodenlänge, die kleiner oder gleich m ist. Die maximale Periodenlänge wird erreicht, wenn folgendes gilt:

- b und m sind teilerfremd;
- $a = 1\ (mod_p)$ für jeden Primteiler p von m, d. h. a und 1 haben bei Division durch p denselben Rest; sie sind «bezüglich Modul p äquivalent»;
- $a = 1\ (mod\,4)$ sofern 4 ein Teiler von m ist, d. h. a und 1 sind auch bezüglich Modul 4 äquivalent.

Ist also m eine sehr große Zahl, so kann man durch geschickte Wahl von a und b erreichen, daß sich keine kurzen Schleifen einstellen, wie sie bei der Middle-Square-Methode auftreten können.

Ein Generator, bei dem die Teilbarkeitsbedingungen für maximale Periodenlänge m erfüllt sind, ist gegeben durch

$$x_{i+1} = 24298 \times x_i + 99991 \ (mod\, 199017)$$

Dies erkennt man sofort aus der Primzahlzerlegung von $m = 199017 = 3^7 \times 7 \times 13$. Dieser Generator ist in der Standardsoftware des Taschenrechners TI-59 enthalten. Er ist jedoch nicht korrekt implementiert, so daß bei der Verwendung des Generators kurze Schleifen beobachtet werden können, die aus nur 406 Zahlen bestehen und sich immer wiederholen (vgl. [2, Seite 26]). Bei der Programmierung des Generators wurde ein ganz typischer Fehler gemacht: Anstelle einer korrekten Implementierung der ganzzahligen Rechenoperationen wird fehlerhaft mit Gleitkomma-Arithmetik gerechnet, was zur Folge hat, daß ganz andere Zahlen produziert werden, als durch die Rekursionsformel des Generators bestimmt sind.

Ähnliche Defekte wiesen die Generatoren der in den 80er Jahren gebräuchlichen Tischrechner von Commodore und Apple auf. Auch hier wurden sehr kurze Schleifen beobachtet. Eine Analyse dieser Generatoren findet man in [1] und [4, Seite 18]. In [5] wird von einer Studie berichtet, bei der eine ganze Reihe von programmierbaren Taschenrechnern untersucht wurde. Dabei stellte sich heraus, daß in allen Geräten Zufallsgeneratoren installiert waren, bei denen ebenfalls kurze Schleifen auftraten.

Guter deterministischer Zufall

Wie oben bereits bemerkt, ist es nicht leicht, guten deterministischen Zufall zu erzeugen. Selbst wenn die Koeffizienten a, b und m eines linearen Kongruenzgenerators so gewählt werden, daß die Bedingungen für maximale Periodenlänge erfüllt sind, und die Implementierung korrekt durchgeführt wird, können Folgen von Pseudozufallszahlen mit sehr schlechter höherdimensionaler Verteilung entstehen. Ein solches Beispiel ist der lineare Kongruenzgenerator von Turbo Pascal in der Version 3.0:

$$x_{i+1} = 129 \times x_i + 907633385 \ (mod\, 2^{32})$$

Hier zeigt es sich, daß diejenigen Punkte der Ebene, die man erhält, wenn man jeweils zwei aufeinanderfolgende Pseudozufallszahlen zusammenfaßt, auf nur 130 Geraden liegen, was bei einer Periodenlänge von über vier Milliarden eine viel zu geringe Zahl und mit unserer Vorstellung von Zufälligkeit nicht vereinbar ist. Dieser Defekt wurde ganz offensichtlich von den Benutzern bemerkt. In der Version 4.0 berechnet Turbo Pascal die Pseudozufallszahlen mit dem Generator

$$x_{i+1} = 134775813 \times x_i + 1 \ (mod\, 2^{32})$$

Auch hier ist die maximale Periodenlänge $m = 2^{32}$ sichergestellt, und der eben beschriebene Defekt einer schlechten zweidimensionalen Verteilung wird bei diesem Generator nicht mehr beobachtet.

Reproduzierbarer Zufall

Neben der Rechengeschwindigkeit, die wegen der Einfachheit der Erzeugungsvorschrift für die linearen Kongruenzgeneratoren spricht, ist es auch die Reproduzierbarkeit der zufälligen Zahlenfolgen, die zur Verbreitung solcher Kongruenzgeneratoren geführt hat. Wird die zugrundeliegende Formel $x_{i+1} = a \cdot x_i + b \ (mod\, m)$ zusammen mit den Werten für a, b und m sowie die Startzahl x_0 mitgeteilt, kann überall auf der Welt exakt die gleiche Folge von zufälligen Zahlen produziert werden. Dadurch werden die Ergebnisse von Monte-Carlo-Simulationen nachprüfbar. Jeder Wissenschaftler, der die Simulationsergebnisse eines anderen anzweifelt, ist in der Lage, auf dem eigenen Computer eine Überprüfung vorzunehmen, indem er exakt dieselbe Folge von zufälligen Zahlen für die Simulation verwendet. Der Zufall ist nicht nur deterministisch, er ist sogar reproduzierbar.

Zufällig oder deterministisch?

Bei stochastischen Simulationen wird der Zufall auf dem Computer nachgespielt, aber nicht dadurch, daß wirklich Zufälliges geschieht, sondern indem ein deterministischer Algorithmus Pseudozufallszahlen erzeugt. Diese Zahlen sind dann der Input für die rechnerische Verarbeitung, also gewissermaßen der Rohstoff, aus dem die stochastischen

Simulationen gemacht werden. Die Erfolge, die in Wissenschaft und Wirtschaft täglich mit stochastischen Simulationen erzielt werden, rechtfertigen dieses etwas paradox wirkende Verfahren.

Denken wir aber an die oben beschriebene Methode der Monte-Carlo-Integration, so liegen die Dinge noch komplizierter. Man hat das mathematische Problem der Berechnung eines Integralwerts, was immer auf eine Flächen- oder Volumenbestimmung hinausläuft und nichts Zufälliges an sich hat. Durch die Idee des Zufallsregens schmuggeln wir – gewissermaßen durch die Hintertür – den Zufall in die Problemstellung hinein und spielen den Zufall dann auf dem Computer nach. Dabei verwenden wir Folgen von Pseudozufallszahlen, die mit einem deterministischen Algorithmus erzeugt werden, also einem strengen Bildungsgesetz unterliegen, so daß insgesamt eigentlich gar nichts Zufälliges passiert.

Aber die Methode funktioniert. Unzählige Anwender gehen mit den Monte-Carlo-Methoden ganz selbstverständlich um. Überall auf der Welt werden deshalb in den Rechenzentren täglich Milliarden von Pseudozufallszahlen mit linearen Kongruenzgeneratoren erzeugt. So gesehen ist die diesen Zufallsgeneratoren zugrundeliegende Formel die vermutlich am häufigsten angewandte mathematische Formel überhaupt.

Erzeugung von Zeitreihen

Das fortwährende Werfen eines Würfels ist in der Sprache der Wahrscheinlichkeitstheorie ein stochastischer Prozeß, den man als Zeitreihe auffassen kann. Man betrachtet dabei die zeitliche Abfolge, mit der die einzelnen Würfelergebnisse produziert werden. Zeitreihen werden in der Regel so dargestellt, daß man die Werte, die den einzelnen Zeitpunkten entsprechen, durch Geradenstücke verbindet. Für die drei Serien von Würfelergebnissen ergeben sich dann die drei Bilder auf der Seite gegenüber.

Beim Vergleich der ersten beiden Serien erkennt man, daß in der Darstellung der zweiten viel weniger waagerechte Streckenzüge auftreten, was dem Fehlen der Zwillinge in den Würfelergebnissen entspricht und diese Serie als künstlich erzeugte entlarvt. Im dritten Bild sieht man im rechten Teil die Periodizität, die zeigt, daß es sich hier ebenfalls nicht um eine wirkliche Würfelserie handelt.

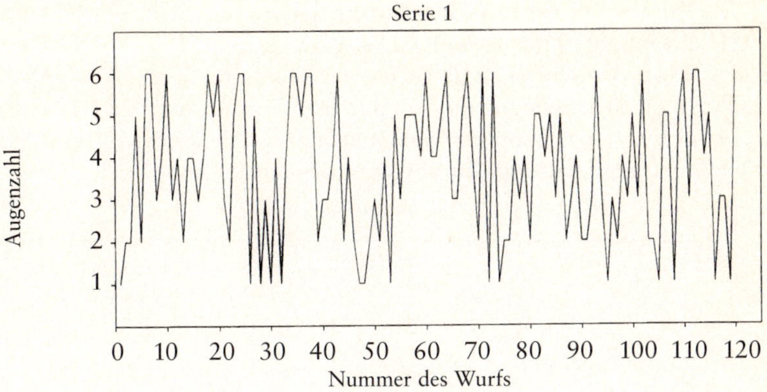
Serie 1
Augenzahl
1
2
3
4
5
6
0 10 20 30 40 50 60 70 80 90 100 110 120
Nummer des Wurfs

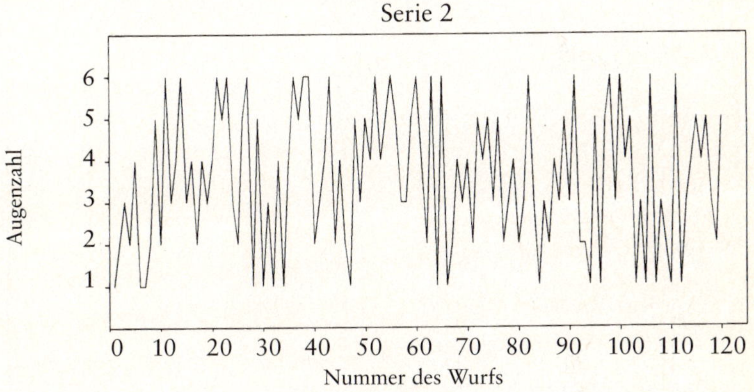
Serie 2
Augenzahl
1
2
3
4
5
6
0 10 20 30 40 50 60 70 80 90 100 110 120
Nummer des Wurfs

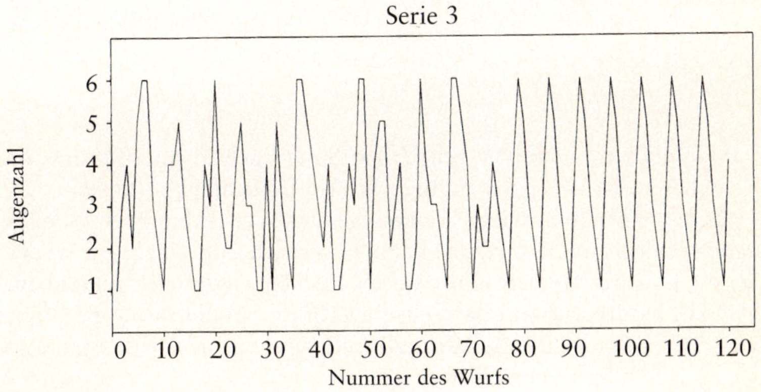
Serie 3
Augenzahl
1
2
3
4
5
6
0 10 20 30 40 50 60 70 80 90 100 110 120
Nummer des Wurfs

Denken wir uns ein Spiel, bei dem ein Spieler vor jedem Würfelwurf DM 3.50 bezahlt und nach dem Wurf so viele DM ausbezahlt bekommt, wie der Würfel angibt. Dies wäre ein faires Spiel, da die Auszahlung nach einem Wurf im Mittel ja dem Einsatz von DM 3.50 entspricht. Stellt man dann den Gewinnstand in Abhängigkeit von der Zeit dar, so ergibt sich für die obigen Serien das folgende Bild:

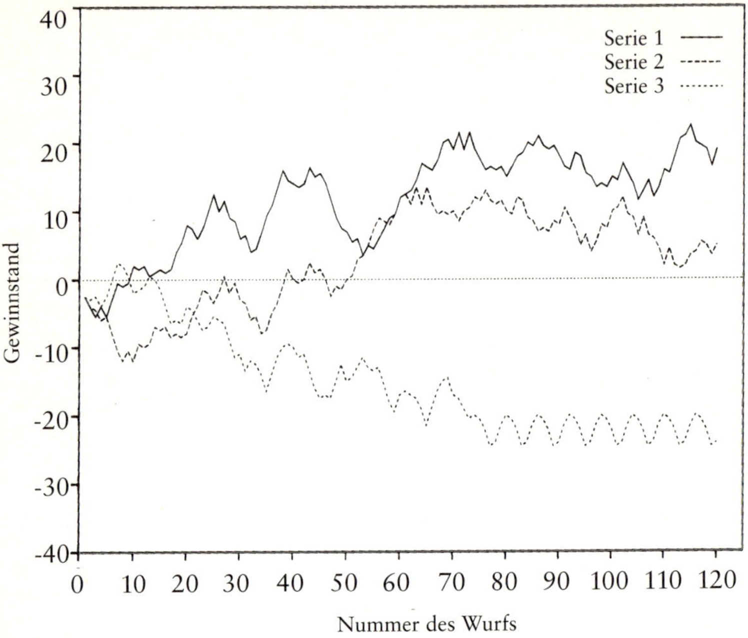

Man erkennt auch hier bei der zur Serie 3 gehörigen Zeitreihe die Periodizität, die sich nach anfänglicher Unregelmäßigkeit einstellt.

Da das Würfeln mit dem Computer unter Verwendung von Pseudozufallszahlen simuliert werden kann, lassen sich Zeitreihen, wie sie der Serie 1 entsprechen, ebenfalls durch Rechenprogramme generieren. Dies gilt natürlich ganz allgemein auch für die Simulation von Zeitreihen, die in Naturwissenschaft und Technik aufgrund von komplizierten Prozeßabläufen entstehen.

Simulationen zur Überwachung von Kläranlagen

Diese Möglichkeit der Simulation von Zeitreihen liegt einer Studie zugrunde, in der die Vergleichbarkeit der EU-Richtlinie für die Überwachung des Nährstoffgehalts im Ablauf kommunaler Abwasserbehandlungsanlagen mit den deutschen Anforderungen untersucht wird. Beide Vorschriften legen für die Konzentration der verschiedenen Nährstoffe (wie Stickstoff, Phosphor usw.) Grenzwerte fest, die bei einer bestimmten Art der Probenahme nicht überschritten werden dürfen. Die Frage der Gleichwertigkeit der Vorschriften erhält ihre Komplexität dadurch, daß sich die Grenzwerte zum Teil unterscheiden, insbesondere aber die Art der Probenahme und der Probenumfang wie auch die Art der Bewertung der Einhaltung der Grenzwerte. Während die EU-Richtlinie von einer Vierundzwanzig-Stunden-Mischprobe ausgeht, ist in der deutschen Verwaltungsvorschrift eine Zwei-Stunden-Mischprobe vorgesehen. Eine Beanstandung der Anlage erfolgt nach EU-Richtlinie, sobald das Jahresmittel der gemessenen Nährstoffkonzentrationen über dem jeweiligen Grenzwert liegt. Nach den deutschen Vorschriften gilt für die Beanstandung eine Vier-aus-fünf-Regel. Sie besagt, daß nach der bei einer Überprüfung festgestellten Grenzwertüberschreitung keine Beanstandung ausgesprochen wird, falls bei den vier letzten Überprüfungen keine Überschreitung des entsprechenden Grenzwertes festgestellt wurde.

Um nun entscheiden zu können, welche der beiden Verwaltungsvorschriften bei der Überwachung von Kläranlagen wirksamer ist, müßte man eigentlich mehrere Jahrzehnte lang Anlagen sowohl nach der EU-Vorschrift als auch nach der deutschen Methode kontrollieren und dann jene Vorschrift als die strengere einstufen, bei der es insgesamt häufiger zu einer Beanstandung gekommen ist. Dieser Weg ist jedoch nicht gangbar, da die Frage der Gleichwertigkeit heute zu beantworten ist und nicht erst nach langjähriger Beobachtung.

In vielen Kläranlagen wird betriebsintern der Ablauf regelmäßig untersucht. Es werden im Zwei-Stunden-Rhythmus sowohl die Inhaltsstoffkonzentrationen von Phosphor, Stickstoff usw. gemessen als auch die pro Sekunde ausfließende Wassermenge. So entstehen gemessene Zeitreihen, an denen abgelesen werden kann, ob an einem bestimmten Tag beziehungsweise innerhalb eines bestimmten Zwei-Stunden-Zeitraums die vorgegebenen Grenzwerte eingehalten wurden.

Kann man also Zeitreihen generieren, die sich so verhalten wie die an den Kläranlagen beobachteten, so ist man in der Lage, die Wirkungsweise der Prüfvorschriften nachzuspielen und die Häufigkeit von Beanstandungen für beide Prüfrichtlinien zu ermitteln. Es ist klar, daß hierbei eine ganze Reihe von Zufälligkeiten zu berücksichtigen ist. Zum einen sind die Zeiten, an denen die Beamten der Überwachungsbehörden die Stichproben durchführen, zufällig zu wählen, zum anderen sind die Zeitreihen für Inhaltsstoffe und Wassermenge, die das Funktionieren der Kläranlage widerspiegeln, mit vielen stochastischen Effekten behaftet, die auf dem Computer aufgrund eines geeigneten mathematischen Modells nachzuspielen sind. So werden die Zeitreihen an einem Regentag einen etwas anderen Verlauf haben als an einem trockenen Sonnentag. Andererseits weisen diese Zeitreihen, die in der Fachsprache auch Ganglinien heißen, gewisse Periodizitäten auf. Meist ist in einer Ganglinie ein typischer Tagesablauf mit den Lebensgewohnheiten der Menschen, die im Einzugsbereich der Kläranlage leben, erkennbar. Im Zulauf der Kläranlage findet man zum Beispiel eine gewisse Spitzenbelastung, die darin begründet ist, daß morgens zwischen 6 und 9 Uhr die Duschen und Toiletten in fast allen Wohnungen benutzt werden. Diese Zulaufspitze findet sich im Ablauf der Anlage mit einer Zeitverzögerung wieder, deren Dauer von der Länge des Zuleitungsnetzes und der Durchlaufzeit durch die Anlage abhängt.

Wie die zu simulierenden Ganglinien aufgebaut sind, soll am Beispiel der pro Sekunde abfließenden Wassermenge erläutert werden. Man geht von folgendem additiven Zeitreihenmodell aus:

$$Q_t = q_0 + T_t + W_t + E_t$$

Dabei ist q_0 der langfristige Mittelwert des Anlagenablaufs bei Vernachlässigung von Spitzenwerten und jeweils zum Zeitpunkt t

Q_t die (pro Sekunde) abfließende Wassermenge
T_t der Wert des kombinierten Tages- und Wochengangs
W_t die Mittelwertschwankung
E_t die Erhöhung durch plötzlich auftretende Extremwerte

Die Modellbausteine sind zum größten Teil stochastisch variierende Komponenten. Die Variable t bezeichnet den Zeitpunkt t, an dem die Wassermenge Q_t beträgt. Die Zeiteinheit entspricht in den folgenden Skizzen einem Zwei-Stunden-Intervall. Es sind für einen Simulationslauf die Werte der einzelnen Summanden dargestellt: Oben links erkennt man den Mittelwert der Wassermenge (in Kubikmetern pro Sekunde), der sich langfristig im Ablauf der Anlage einstellt, wenn man die Extremwerte außer acht läßt. Darunter sind die zufälligen Mittelwertschwankungen aufgetragen, die sich um den Wert null bewegen. Oben rechts sind die zufällig auftretenden Spitzenwerte zu sehen, während darunter der Wochengang, der auch zusätzlich einen ausgeprägten Tagesgang enthält, verzeichnet ist. Die endgültige Ganglinie der Abflußmenge ergibt sich dann durch additive Überlagerung der einzelnen Komponenten. Die Simulationsmodelle für die verschiedenen Inhaltsstoffe sind vom gleichen Typ wie der beschriebene Ansatz für die Abwassermenge.

Ergebnisse der Kläranlagen-Simulation

Die einzelnen Modelle, in die, wie bereits bemerkt, viele Zufälligkeiten eingehen, enthalten rund fünfzig freie Modellparameter. Abhängig von der Wahl dieser Parameter können auf der Basis des gleichen stochastischen Modells typische Ganglinien von sehr unterschiedlich arbeitenden Anlagen erzeugt werden. Die Theorie der Zeitreihenanalyse stellt Verfahren bereit, mit denen Schätzwerte für die einzelnen Parameter aus den beobachteten Meßreihen berechnet werden können. Man ist daher in der Lage, die Reinigungsleistung von sehr verschiedenen Kläranlagen unter sich zufällig verändernden Randbedingungen auf einem Computer nachzuspielen, wobei die Zufälligkeiten unter Anwendung von Pseudozufallszahlen simuliert werden.

Es zeigt sich, daß die im Computer generierten Zeitreihen die typischen Ablaufschwankungen, die aus den vorhandenen tatsächlich beobachteten Meßreihen abgeleitet werden konnten, angemessen wiedergeben. Da das Simulationsmodell auch die Möglichkeit eröffnet, den langfristigen Mittelwert, der in der obigen Formel mit q_0 bezeichnet wurde, anzuheben beziehungsweise zu senken bei gleichzeitiger Erhöhung beziehungsweise Verringerung der Streuung in den stochastischen Anteilen der Zeitreihenbausteine, ist es möglich, auch Kläranlagen mit schlechterer beziehungsweise besserer Reinigungswirkung zu simulieren.

Mit dem Modell können Ablaufganglinien (im Zwei-Stunden-Takt)

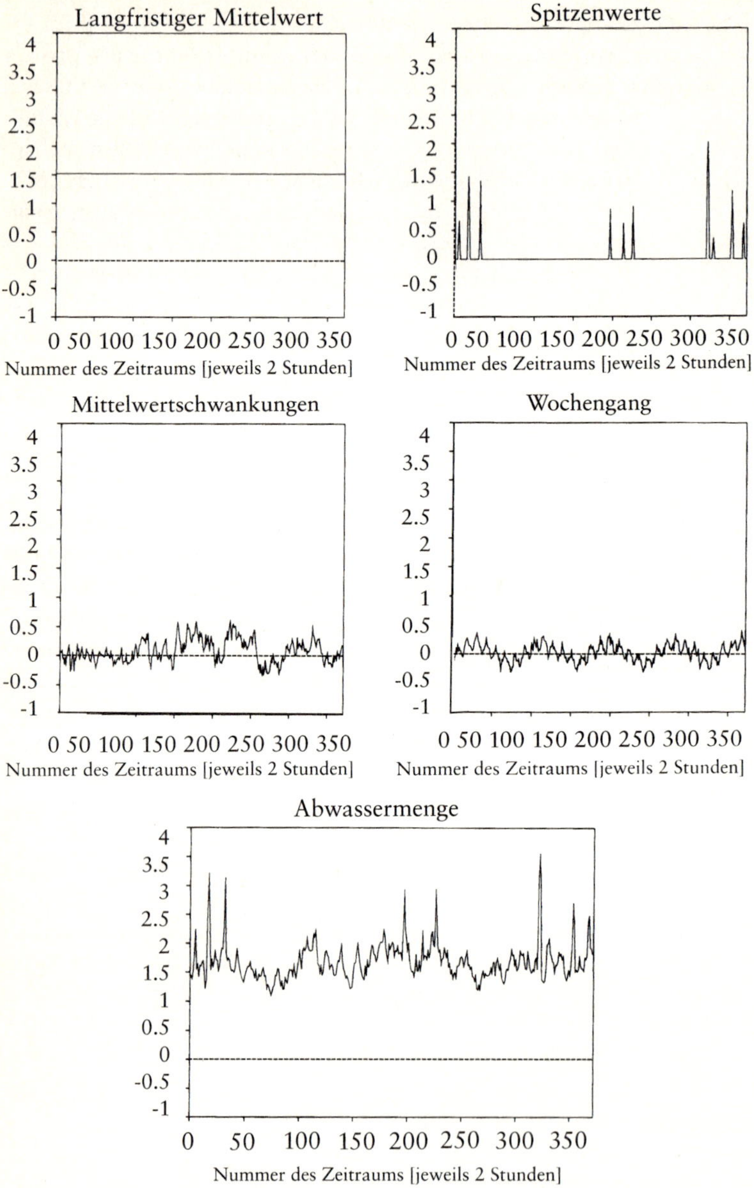
Langfristiger Mittelwert
4
3.5
3
2.5
2
1.5
1
0.5
0
-0.5
-1
0 50 100 150 200 250 300 350
Nummer des Zeitraums [jeweils 2 Stunden]
Spitzenwerte
4
3.5
3
2.5
2
1.5
1
0.5
0
-0.5
-1
0 50 100 150 200 250 300 350
Nummer des Zeitraums [jeweils 2 Stunden]
Mittelwertschwankungen
4
3.5
3
2.5
2
1.5
1
0.5
0
-0.5
-1
0 50 100 150 200 250 300 350
Nummer des Zeitraums [jeweils 2 Stunden]
Wochengang
4
3.5
3
2.5
2
1.5
1
0.5
0
-0.5
-1
0 50 100 150 200 250 300 350
Nummer des Zeitraums [jeweils 2 Stunden]
Abwassermenge
4
3.5
3
2.5
2
1.5
1
0.5
0
-0.5
-1
0 50 100 150 200 250 300 350
Nummer des Zeitraums [jeweils 2 Stunden]

über sehr lange Zeiträume generiert werden, und zwar bei sehr kurzer Rechenzeit. Aus diesen Ganglinien werden entsprechend der zu vergleichenden Vorschriften kurze Stücke, die den Prüfzeiträumen entsprechen, herausgegriffen und bewertet. Auf der Grundlage der langfristigen Simulation ergibt sich dann für beide Vorschriften eine mittlere relative Beanstandungshäufigkeit. Die Vorschrift, bei der diese Beanstandungshäufigkeit größer ausfällt, ist dann als die anspruchsvollere (oder schärfere) Vorschrift einzustufen. Es zeigt sich, daß das Ergebnis dieses Größenvergleichs abhängig ist vom Niveau der Reinigungswirkung der simulierten Anlagen, so daß noch nichts Abschließendes über die Gleichwertigkeit der EU-Richtlinie und der deutschen Verwaltungsvorschrift gesagt werden kann. Es sind noch sorgfältige Analysen nötig.

Die Untersuchungen werden derzeit von Mathematikern des Zentrums für Praktische Mathematik an der Technischen Hochschule Darmstadt in enger Zusammenarbeit mit Ingenieuren des Instituts WAR (Wasserversorgung/Abwassertechnik/Abfalltechnik/Umwelt- und Raumplanung) durchgeführt. Bei der Komplexität der Fragestellung war eine Antwort allein aufgrund vorhandener Meßreihen nicht möglich, da sowohl die Zeit der Probenentnahme als auch der schwankende Belastungsgrad des Abflusses von Kläranlagen durch viele Zufälligkeiten bestimmt ist. Die Verwendung von Pseudozufallszahlen bietet jedoch die Möglichkeit der stochastischen Simulation, bei der Vorgänge, die in der Realität Jahre oder Jahrzehnte dauern, im Zeitraffertempo in wenigen Sekunden auf schnellen Computern nachgespielt werden können. Daß dabei kein echter Zufall einbezogen wird, spielt eine untergeordnete Rolle. Die Ergebnisse, die mit dem deterministischen Zufall erzielt werden, sind ebenso überzeugend.

Literatur

[1] Afflerbach, L.: The pseudo-random number generators in Commodore and Apple microcomputers, *Statistical Papers*, 26, 1985, S. 321–333

[2] Afflerbach, L.: Die Gitterstruktur gleichverteilter Zufallsvektoren, in: Afflerbach und Lehn 1986

[3] Afflerbach, L. und J. Lehn (Hg.): *Zufallszahlen und Simulation*, Stuttgart 1986

[4] Ripley, B. D.: *Stochastic Simulation*, New York 1987

[5] Weiß, J.: Zufallszahlen mit dem Taschenrechner, *Mathematisch-naturwissenschaftlicher Unterricht*, 32, 1979, S. 133–143

Walther von Hahn

Computermodelle der Sprache und des Sprechens

Einleitung

In seinem berühmt gewordenen Aufsatz über das «Chinesische Zimmer» hat der Sprachphilosoph John Searle 1980 die Fähigkeit, sinnvoll Sprache zu benutzen, als einen wesentlichen Unterschied zwischen der natürlichen menschlichen Intelligenz und der «Künstlichen Intelligenz» bezeichnet. Den Computern mit ihrer künstlichen Intelligenz schreibt er dabei nur die Fähigkeit zu, durch formale Zeichenmanipulation Ausdrücke natürlicher Sprache zu erzeugen, ohne die Sprache aber absichts- und sinnvoll zu gebrauchen.

Das ist ein einleuchtender und vernünftiger Standpunkt, den Searle dadurch verdeutlicht, daß er den Rechner mit einer isolierten Person vergleicht, die in einem Zimmer sitzt und durch einen Türschlitz chinesische Zeichen hineingereicht bekommt, in mehreren Tabellen mit Regeln nachliest und entsprechende andere chinesische Karten wieder hinausreicht. Des Chinesischen ist die Person aber nicht mächtig, und daß es sich dabei um Fragen und Antworten über eine kleine Geschichte handelt, ist dem Menschen im «chinesischen Zimmer» auch nicht bewußt.

Für solche, die Chinesisch können und die herausgereichten Kärtchen lesen, ist nicht entscheidbar, ob die Antworten auf echtem Verstehen beruhen oder nur auf formaler Zeichenmanipulation entsprechend den Regeln im Zimmer.

Der Searlesche Vergleich sieht die Sprache der Einfachheit halber als eine ungegliederte Einheit an («Kärtchen rein, Kärtchen raus») und unterscheidet nicht zwischen den unterschiedlichen Ebenen des sprachlichen Verstehens und ihren differenzierten Ansprüchen an Sprecher. Hier wollen wir einhaken und uns ansehen, welche Teilfähigkeiten des Sprechens man heute auf Computern simulieren kann und mit welchen Methoden das geschieht. Dadurch erhalten wir ein differenzierteres

Verständnis davon, was es heißt, dem Computer Sprachfähigkeiten zuzuschreiben, und daß es durchaus nicht wenig ist, wenn man von einem Computer «nur» formale Zeichenmanipulation erwartet.

Vielleicht werden wir sehen, daß das Verstehen und die Simulation von Verstehen, die formale Zeichenmanipulation in Searles Sprachgebrauch, enger beieinanderliegen als gedacht und die Übergänge zwischen beiden viel weicher als vermutet sind.

Modelle und ihre Eigenschaften

Zunächst treten wir einen Schritt zurück und gehen erst einmal der Frage nach, wie eine Simulation, ein Modell von etwas «Natürlichem», zustande kommt, welchen Gesetzen es folgt und was man daraus schließen kann.

Wenn man Sprache und ihre Sprecher in einem anderen Medium (dem Computer zum Beispiel) modellieren möchte, dann schaut man sich zunächst das Urbild, die sprachliche Kommunikation zwischen Menschen, an:

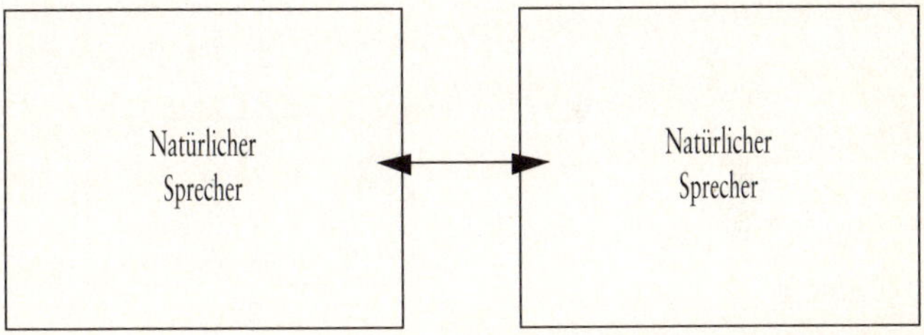

Abb. 1

Bei diesem «Anschauen» ist normalerweise einer der beiden natürlichen Sprecher sogar der Erforschende selbst; er gewinnt seine Erkenntnisse durch Selbstbeobachtung (die Introspektion). Aus dieser Beobachtung extrahiert er dann Merkmale, die er für typisch hält und die er einer Modellierung auf dem Computer unterziehen will. Er schreibt ein Programm, das die verlangten Eigenschaften und Fähigkeiten besitzt (das «Simulat»). Will er dann sein Modell auf Richtigkeit testen, unterzieht er dieses Programm (ein Simulat des bei sich selbst und anderen beobachteten Sprachverhaltens) einer sprachlichen Kommunikation, indem er mit ihm konferiert, und er vergleicht dann dessen Verhalten mit der oben genannten Beobachtung des Urbildes.

Der Wissenschaftler kommuniziert also tatsächlich (reell) mit dem Modell und dessen Simulation von Sprache, gedanklich (virtuell, scheinbar) verlegt er aber zu Testzwecken die natürliche Kommunikation in die Modell-Kommunikation hinein, was in Abbildung 2 angedeutet werden soll.

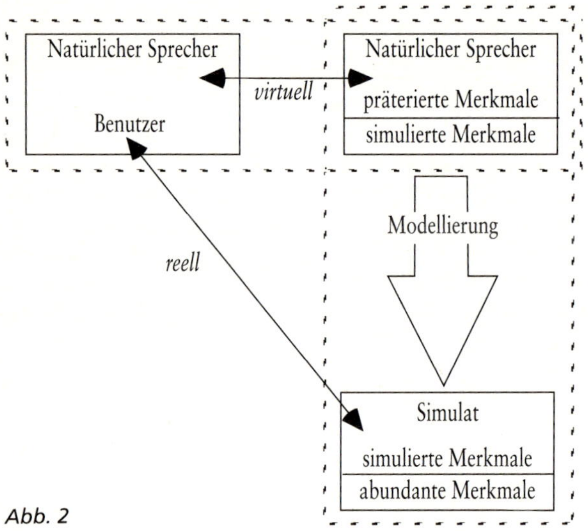

Abb. 2

Die Beziehung des «natürlichen Kommunikationspartners» zum «Simulat» zeigt nun systematische Unterschiede zur zweiseitigen natürlichen Kommunikation:

1. Der Modellierende hat nur bestimmte, aus seiner Sicht signifikante Merkmale zur Modellierung ausgesucht. Die Auswahl hängt weitgehend von seiner Vorstellung dessen ab, was Sprache ist, also von seiner Sprachtheorie. Andere Merkmale der Sprache und des Sprechens hat er als unwesentlich übergangen (präterierte Merkmale);

diese erscheinen im Modell-Programm gar nicht mehr (etwa die Zungenbewegung beim Sprechen oder die Mimik, aber auch zum Beispiel eine kontinuierliche Sprachgeschichte, die der Computer nicht hat).

2. Der Computer und seine Programme als technische Hülle und Medium des Modells haben ungewollt eine ganze Reihe von Merkmalen, die beim Original gar nicht auftreten. Diese «abundanten Merkmale» (etwa die Schrift auf dem Bildschirm, die Tastatur als Eingabe oder die interne Bauweise der Prozessoren) haben keine Entsprechung beim natürlichen Sprecher und Hörer und unterliegen natürlich nicht der Bewertung in bezug auf Originaltreue des Modells.
3. Der Benutzer (Bewerter, Evaluator) des Simulats projiziert (durch die virtuelle Beziehung) die Reaktionen des Programms auf seine «natürliche» Spracherfahrung, nicht auf mögliche Erfahrungen mit sprechenden Computern. Damit schleicht sich sicher die Gefahr ein, der Ausgabe des Rechners all das zu unterstellen, was wir aus unserer Erfahrung natürlichen Kommunikationspartnern unterstellen, im Beispiel des «chinesischen Zimmers» etwa, daß Computerausgaben als *Antworten* auf *Fragen* gemeint sind (und nicht als zusammenhanglose Bildschirmeffekte eines Computers). Oder: Eine sehr langsame Reaktion des Computers könnte als «Zögern» (und nicht zum Beispiel als Programmierfehler) interpretiert werden. Nicht einmal die Interpretation als Beantwortung einer «besonders schwierigen Frage» muß zutreffend sein. Andererseits bleibt dem Wissenschaftler gar nichts anderes übrig, als seine Spracherfahrung als Vergleichsobjekt zu nehmen.
4. Was ein Wissenschaftler über den Test des Simulats und seine Korrektheit niederschreibt oder berichtet, ist in natürlicher Sprache abgefaßt, derselben natürlichen Sprache, die er als Urbild beobachtet hat und die er als möglichst natürliche Reaktion eines Computerprogramms simuliert.

Was folgt aus alledem? Zwischen dem Original und dem Simulat bestehen folgende typische und teilweise gravierende Unterschiede:

1. Das Simulat funktioniert in einem ganz andersartigen, einem technischen Medium des Computers.

2. Das Modell hat Merkmale, die irrelevant sind; dazu gehört oft dessen interne Funktionsweise.
3. Nicht alle Merkmale des Originals werden modelliert.
4. Das Verhalten des Simulats kann nicht aus sich selbst heraus, sondern nur durch Assoziation zum natürlichen Verhalten bewertet werden.

Daher:

5. Die Beobachtbarkeit bestimmter Merkmale des Simulats läßt keine direkten Rückschlüsse auf deren Zustandekommen zu (siehe Searle).
6. Das Fehlen bestimmter Merkmale im Simulat läßt keine Rückschlüsse auf das Fehlen bestimmter Prozesse zu.
7. Die Zuschreibung gleicher oder ähnlicher kognitiver Prozesse bei gleichem Verhalten ist unzulässig.

Darüber hinaus:

8. Jedes Urteil über die Eigenschaften einer Simulation ist sprecherabhängig, weil
9. jedes Urteil über assoziiertes Sprachverstehen nur über Sprache mitgeteilt werden kann.

Die Schlußfolgerungen sind deshalb in allen Einzelheiten ausbuchstabiert worden, weil zu hohe Erwartungen an eine einfache Testbarkeit von Sprachmodellen auf Computern gedämpft werden müssen. Selbst wenn wir also im Besitz eines hervorragenden Sprachsimulationsprogramms wären und das menschliche Sprachverhalten fast perfekt simulieren könnten, ist der wissenschaftliche Nachweis der hohen Qualität unseres Programms sehr problembehaftet. Ein einfacher und direkter Vergleich von Eingabe(-Karten) und Ausgabe(-Karten), wie ihn Searle vorschlägt, ist aus den unter 1 bis 9 genannten Gründen nur mit größter Vorsicht zulässig.

Modell und Simulation

Ich habe bisher *Modell* und *Simulation* synonym benutzt, vor allem deshalb, weil auch ich, wie Searle, im vorigen Abschnitt undifferenziert von einem einzigen Programm zur Modellierung/Simulation einer ungegliederten Sprache ausgegangen bin. Nun soll ein Blick in die Linguistik und die Computerlinguistik zeigen, aus welchen Einzelaufgaben ein Unternehmen wie eine Sprachsimulation besteht, wie einzelne Teile aussehen und wie sie zusammengesetzt werden.

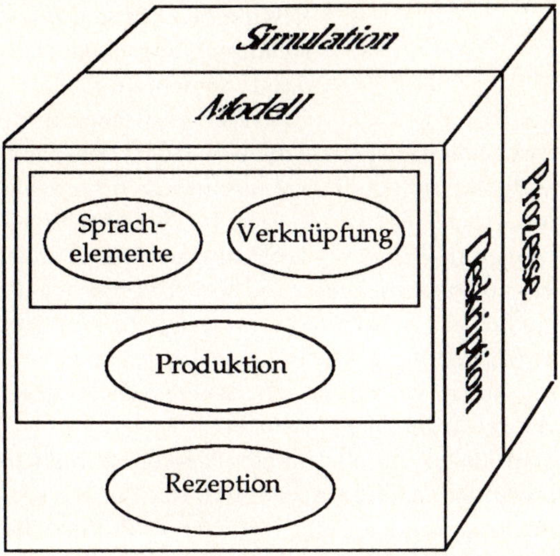

Dazu soll ein Würfelmodell (Abb. 3) dienen, das in zwei senkrecht hintereinander stehende «Scheiben» zerfällt, ein Modell und eine Simulation, wobei das Modell als eine Beschreibung (Deskription) und die Simulation als Prozesse gekennzeichnet sind. Die vordere Schicht des Würfels, das *Modell*, enthält (psycho-)linguistische Beschreibungen über die Sprache als ein Zeichensystem und ihre Benutzung. Dazu gehören zunächst Modelle der Sprachelemente und deren Verknüpfungsregeln (ein Sprachmodell), zum Beispiel Wörter mit den für sie zutreffenden syntaktischen Regeln *(«treffen mit Akkusativ»)*, Wortbestandteile mit den Gesetzen ihrer Zusammensetzungen beziehungsweise Ableitungen *(Ver-sicher-ung-s-betrug)* sowie Laute und ihre Kombinationsgesetze, die uns etwa erkennen las-

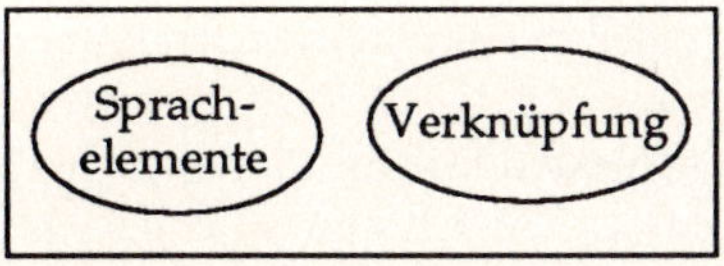

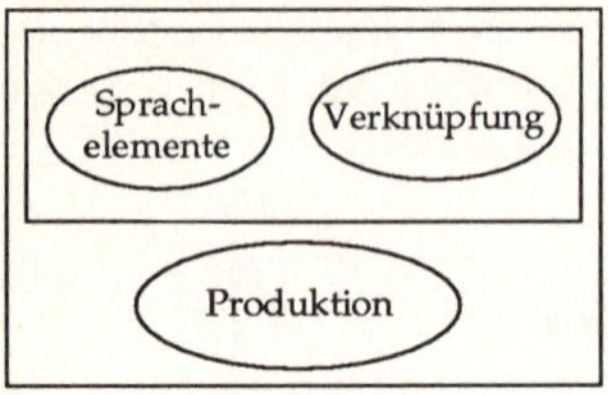

sen, daß *«Zbgipö»* kein nach den Regeln des Deutschen gebildetes Wort sein kann.

Höhere Modelle dieser «Scheibe» beschreiben Produktionseffekte der genannten Sprachbausteine (dies sind dann Sprechermodelle); sie sind in psycholinguistischen und soziolinguistischen Experimenten oft untersucht worden. Beispiele aus diesem Bereich sind die Bevorzugung von komplexeren Sprachstrukturen in offiziellen Situationen, Art und Anlässe von Versprechern, die altersabhängigen Schwierigkeiten der Satzplanung und vieles andere mehr.

Modelliert man zusätzlich noch die Sprachrezeption, also die verstehende Aufnahme von Sprache (das ist dann ein Hörermodell), dann sind in dieser Beschreibung wiederum die beiden anderen Modelle enthalten. Damit haben wir ein einigermaßen vollständiges Modell der Sprache und ihrer Benutzung entworfen.

Alle diese Modelle sind allerdings «Papier-und-Bleistift-Modelle», und zwar in dem Sinne, daß sie die hinter der Produktion und Rezeption von Sprache stehenden (oder vermuteten) Prozesse im Gehirn mit ihren Voraussetzungen und Effekten nur sprachlich, wie in einem dikken wissenschaftlichen Lehrbuch, beschreiben. Die beobachteten oder vermuteten Prozesse beim Sprechen und Hören werden aber nicht schrittweise in ihrem Ablauf selbst formalisiert oder, wie der Informatiker sagen würde, als Algorithmus spezifiziert. Algorithmen werden üblicherweise als «vollständige Rechenanweisungen» umschrieben, daher ist der Schritt von einer Prozeßformalisierung zu einem Computerprogramm nicht weit. Das Programm ist nämlich nur die «Implementierung» eines Algorithmus in einer bestimmten Programmiersprache auf einem bestimmten Computer.

Eine *Simulation* sei hier entsprechend gekennzeichnet durch ein lauffähiges Programm. Die hintere Schicht des Würfels umfaßt daher Verfahren, die der oben besprochenen Deskription (den Modellen) auch die Simulation der Prozesse auf einem Computer hinzufügen. Dies ist die Domäne der Computerlinguistik.

In dem hinten liegenden Block des Würfels sind zum Beispiel angesiedelt: Programme zum Zusammensetzen von Wörtern, zum Erkennen von syntaktischen Strukturen, zum Entwurf unvollständiger Sätze im ungezwungenen Gespräch, zur Koordination von Sprache und Zeigegesten, um nur einige Bereiche zu nennen. Man kann solche Prozesse zu Ebenen gruppieren und an Beispielen den Stand der Technik oder die Probleme bei der Lösung aufzeigen. Dies soll im folgenden geschehen.

Ebenen der Sprachsimulation

Falls man – moderner als ältere sprachwissenschaftliche Traditionen – versucht, den gesamten Prozeß vom Sprechen bis zum Handeln zu modellieren und zu simulieren, muß man auf der untersten Ebene zunächst Beschreibungen (Modelle) für die Identifikation von sprachlich relevanten Ereignissen im akustischen Raum vornehmen und dann als Simulation Verarbeitungsprozesse definieren. Man bezeichnet dieses Gebiet heute als Speech-Verarbeitung oder salopp «Speech». Diese (unterste) sprachliche Ebene muß dann bis zur Erkennung von Wörtern oder Wortbestandteilen (Morphemen) ausgearbeitet werden.

Die Ebene der Morphemanalyse will ich etwas genauer ausführen, um ein Beispiel für die Detailliertheit eines Modells und der darauf aufbauenden Simulation zu geben und weil die Morphologie bei Sprachen wie dem Deutschen besonders wichtig ist. In unserer Sprache können wir beliebig frei Zusammensetzungen aus Einzelwörtern bilden, die man, um die Bedeutung eines Wortes in einer Simulation zu erkennen, oft wieder zerlegen muß. Im Englischen oder Französischen stehen dagegen die Wörter in komplexeren Ausdrücken entweder unverbunden nebeneinander oder sind durch Präpositionen verknüpft:

Benutzererkennungsprüfung – user identification check

Außer für diese Art der Zerlegung brauchen wir in der Morphologie mindestens noch ein Modell und eine Simulation für die Erkennung von Flexionsendungen, um die syntaktische Funktion von Wörtern in der darauf folgenden syntaktischen Verarbeitung erkennen zu können. Auch in dieser Hinsicht ist das Deutsche stärker ausgeprägt als das Englische (vgl. Abbildung 4, S. 88).

In unserem Modell für die Morphologie muß berücksichtigt sein, daß es Wortveränderungen gibt, die die Flexion kennzeichnen *(treffen – traf – getroffen – träfe etc.)*, daß man Wörter spontan zusammensetzen *(Urlaubspanikerlebnis)* oder Wörter zum Beispiel durch Endungen

«He put the paper into the empty box» gegenüber
«Er legte das Papier in die leere Schachtel».

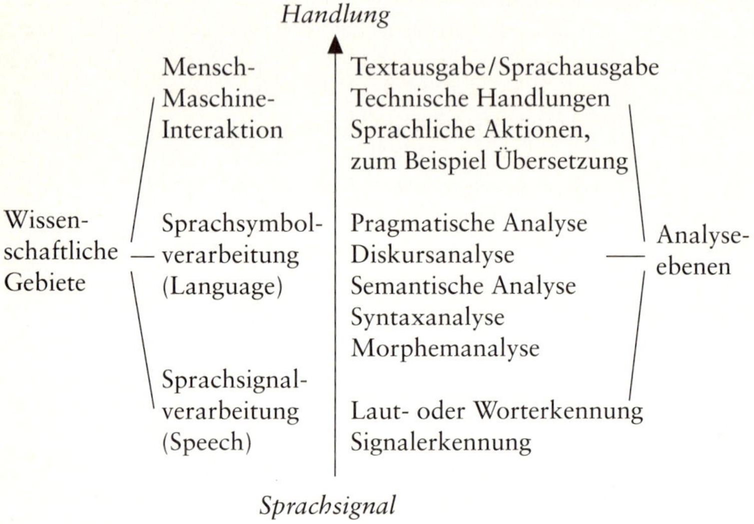

Abb. 4

in andere Wortklassen hinüberschieben kann und dann auch deren grammatisches Geschlecht kennt *(verbinden – Verbindung).*

Für eine Simulation müssen wir im einzelnen entscheiden, wie beispielsweise eine Flexionserkennung genau schrittweise ablaufen soll:

- Stehen alle flektierten Wortformen alphabetisch auf einer Liste (dem Lexikon des Programms), wo sie aufgesucht werden können und wo eine dort notierte (syntaktische usw.) Beschreibung für die weitere Arbeit des Programms entnommen wird?
- Werden Wörter von links beginnend mit bekannten Stämmen verglichen und die variierenden rechten Teile der Wörter als Endungen betrachtet?
- Werden von rechts beginnend erst bekannte Endungen abgehängt

und der linke Teil mit Stämmen verglichen, bis man zu einer restlosen Teilung des Wortes kommt?

- Versuche ich zuerst eine Inhaltsanalyse des Satzes, ohne auf Endungen zu achten *(Ein- alt- Mann- kenn- mein- Bruder)*, und prüfe dann, ob die semantische Interpretation mit den Endungen korrespondiert: *Ein-en alt-en Mann kenn-t mein Bruder.*
- Oder gibt es noch ganz andere Lösungen?

Es versteht sich von selbst, daß man auf der nächsten Ebene eine syntaktische Analyse durchführen muß, um den Satz *Der Hund biß den Briefträger* von *Der Briefträger biß den Hund* formal zu unterscheiden. Die Funktion von Subjekt und Objekt muß erkannt werden. Auch hier gibt es inzwischen zahllose Techniken, von denen ich einige herausgreife:

- Von links mit dem ersten Wort beginnen, seine Wortklasse aus dem Lexikon suchen und in einer Grammatik der Satzformen suchen, welcher Klasse das nächste Wort zugehören muß; oder:
- zunächst wichtige sinntragende Wörter (zum Beispiel Verben) aufsuchen und von dort aus weitere inhaltlich dazugehörende Wörter suchen *(kaufen:* finde den Verkäufer, den Käufer und vielleicht das ver- oder gekaufte Objekt und den Preis); oder:
- in meinem Lexikon steht bei jedem Wort, welches andere darauf folgen darf usw.

Um ein vollständiges Modell der Sprache und darauf aufbauend eine Simulation von Sprechen zu erhalten, muß man sicher auch eine komplette Bedeutungsbeschreibung des ganzen Satzes erstellen. Der Satz «Jens und Anne sind verheiratet» bedeutet etwa, daß sie miteinander und nicht beide jeweils mit einer anderen Person verheiratet sind.

Freilich ist damit das Verstehen und Produzieren von Sprache noch lange nicht vollständig genug beschrieben, um daraus eine Computersimulation machen zu können. Zunächst muß zusätzlich der Bedeutungszusammenhang zwischen Sätzen einbezogen werden. Anders als die bisher benutzten Beispielsätze sind «natürliche» Sätze immer in einen Kontext eingebettet, der allein ihr Verstehen sichert. Auch hierzu ein Beispiel.

Ein Redner sagt nach einer längeren Passage: *Damit meine ich das folgende:*

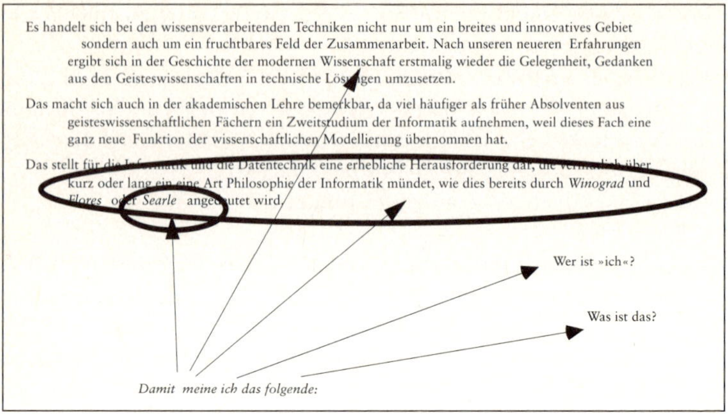

Abb. 5

Woher soll ein sprachverarbeitender Computer eigentlich wissen, was die Bedeutung von *damit* ist (das letzte Wort, der letzte Paragraph, der letzte größere Abschnitt?) oder was mit *ich* gemeint ist (der Computer kann es ja nicht in seinem maschinellen Lexikon nachschlagen). Er hat aber auch keine Augen, um festzustellen, wer das Wort *ich* geäußert hat. Ganz schwierig wird die formale Analyse des Ausdrucks *das folgende*, weil das Bezeichnete zu dem Zeitpunkt, da es geäußert wird, noch gar nicht existiert (es wird ja im Folgesatz erst näher genannt).

Es ist deshalb notwendig, für eine Simulation genaue Anweisungen zu erteilen, was mit den einzelnen Wörtern in bezug auf die sie umgebenden Sätze getan werden muß, um deren Bedeutung festzulegen und damit die kontextabhängige Bedeutung des ganzes Satzes zu bestimmen.

Höheres Sprachverstehen

John Searle hat schon 1969 darauf hingewiesen, daß man das Verstehen von Sprache nur ganz unvollkommen beschreibt, wenn man nur bis zu den bisher dargestellten Stufen der Sprachverarbeitung kommt. Seine Theorie ist, daß alle Sätze einer Sprache zusätzlich zu ihrer direkten wörtlichen Bedeutung die viel wichtigere Information über die beabsichtigte Handlung (den Sprechakt) tragen. Diesen Sprechakt muß man verstehen, um den Satz ganz zu verstehen (siehe Kasten auf S. 92).

Wichtige Defizite in der Prozeß-Simulation

Die bisherige Darstellung mag vielleicht den Schluß nahelegen, daß eine Sprachsimulation zwar hochkomplex, aber im wesentlichen gelöst ist. Je höher wir in den Beschreibungsebenen steigen, um so unvollständiger sind allerdings bereits die Modelle und um so unbefriedigender damit die Simulation. Daher seien hier noch einige Gebiete genannt, die zur Zeit besondere Schwierigkeiten bei der Computersimulation machen.

Prosodische Kontur

Unter Prosodie versteht man die Variation gesprochener Sprache durch Tonhöhe, Betonung und Sprechgeschwindigkeit. Jede Äußerung hat eine prosodische Kontur, die entweder schwach ausgeprägt ist (etwa bei nebensächlichen Feststellungen) oder stark hervortritt (bei erregten Ausrufen). Es ist bis heute noch relativ unklar, wie ein Mensch Information (und welche) aus dieser Prosodie entnimmt.

Wir wissen lediglich, daß die Prosodie wesentlich zur Inhaltsentschlüsselung beiträgt: Wie der Satz (hier ohne Interpunktion)

Der Professor sagt der Student sei unterqualifiziert

gemeint ist, kann beim Sprechen durch prosodische Mittel (zum Beispiel in der Tonhöhe) geklärt werden:

Der Professor *sagt der Student* *sei unterqualifiziert* oder

Der Professor sagt *der Student sei unterqualifiziert*

Bei höheren Ebenen, also der Semantik und Pragmatik, ganz besonders aber bei der Analyse der Einstellung des Sprechers zum Gesagten, ist diese Information oft entscheidend: Ob ein Sprecher ruhig, erregt, ironisch, freundlich oder krank ist, entnehmen wir oft nur der Prosodie.

Die Sprechakttheorie

Entwickelt in zwei Varianten von Austin (1962) und Searle (1969)

Grundaussagen:

(1) Jede sprachliche Äußerung hat drei Teile:

❶ *Lokutiver* Teil. Er besteht aus den wörtlichen, den formalen Eigenschaften (Schreibform, Syntax, Wortwahl etc.) einschließlich der direkten, normalen Bedeutung.
❷ *Illokutiver* Teil. Er ist der üblicherweise mit dem Ausdruck Handlungstyp (Sprechakttyp) bezeichnete Teil. Dabei kann es sich um eine Bitte, eine Aufforderung, einen Befehl, eine Feststellung, eine Sozialhandlung, eine Sanktion etc. handeln.
❸ *Perlokutiver* Teil. Er ist das konventionell an die Handlung gebundene Ergebnis, das Sprecher und Hörer erwarten können.

Beispiel: *Haben Sie eine Uhr?*
❶ Lokutiver Akt: einfacher Satz mit Subjekt und Prädikat, Fragesatz, ein Verb, ein Pronomen etc.; direkte wörtliche Bedeutung: «Besitzen Sie eine Uhr?» Aber:
❷ Illokutiver Akt: Aufforderung, die Zeit zu sagen.
❸ Perlokutiver Akt: die Zeit sagen (oder diese Aufforderung zurückweisen).
Daher ist die korrekte Antwort *Es ist Viertel nach vier* und nicht *Ja!*

(2) Es gibt zwei Arten, Sprechakte mitzuteilen:

direkte: solche, in denen der Sprechakttyp, die Illokution, direkt «angesagt» wird: Ich möchte Sie bitten, ... ist eine «Bitte»; *indirekte*, in denen die Illokution konventionell fest zugeordnet, aber nicht ausdrücklich genannt ist. Die meisten Sätze (wie auch das Beispiel) sind indirekte Sprechakte.

Solche von menschlichen Sprechern rasch feststellbare Merkmale des Sprachsignals sind mit einem Computer noch nicht systematisch und vor allem nicht eindeutig zu erkennen.

Syntaktische Planung und Lexikonauswahl

Ebenso unbekannt sind zur Zeit noch die Prozesse, die an der syntaktischen Planung beteiligt sind. Welche Auswahlregeln für die Satzpläne, für die Wortstellung, für die Verteilung der Information auf die Wörter und für die Nutzung der Kohärenzindikatoren (sprachliche Kennzeichen des logischen Zusammenhangs von Sätzen) kann man annehmen?

Alle diese Entscheidungen müssen bereits bei ganz einfachen Mitteilungen und deren Anordnung in der sprachlichen Form getroffen werden. Welches ist der in einer ganz bestimmten Situation und einem konkreten sprachlichen Kontext korrekte Ausdruck:

Ich möchte gern morgen nach Bremen fahren.
Ich würde gern morgen nach Bremen reisen.
Morgen würde ich gern nach Bremen fahren.
Morgen habe ich folgendes vor: nach Bremen fahren.
Morgen möchte ich wegfahren, am liebsten nach Bremen
usw.?

Die unterschiedlichen Formulierungen sind sicher nicht zufällig, sondern von kommunikativen und linguistischen Randbedingungen abhängig, deren genaue Analyse bis heute noch aussteht. Wir haben zwar einigermaßen klare Vorstellungen davon, wie die Information in bezug auf die Position vor und nach dem Verb von einem Hörer aufgenommen wird (die sogenannte funktionale Satzperspektive), mehr aber leider auch nicht.

Integration von visueller und sprachlicher Information

Die Verknüpfung von Information, die wir als Sprache über das Gehör aufnehmen, mit solcher, die wir über die Augen erhalten, ist bereits bei der Entschlüsselung des Wortes *ich* in einem der vorigen Abschnitte zur

Sprache gekommen. Es ist ein hochinteressantes Thema, sowohl für die Sprachwissenschaft als auch für die Psychologie und die Informatik (etwa bei der Gestaltung von Benutzeroberflächen von Programmen).

> Wie bauen wir eine visuelle Vorstellung beim Hören von Sprache auf? Überprüfen Sie dies einmal, indem Sie sich den Satz *Morgen geht's ins Hochgebirge!* vorstellen. Wie wird die Verbalisierung (Versprachlichung) von Gesehenem gesteuert? (Legen Sie einmal verschiedenen Leuten ein Urlaubsfoto zur Beschreibung vor: Warum sind eigentlich diese Beschreibungen auch in ihrer Struktur so verschieden?)

All das sind Fragen, deren Beschreibung (Modell) bereits in den sechziger Jahren ausführlich diskutiert wurde. Die wechselseitige Beeinflussung von Sprechen und Denken war in dieser Zeit ein neues und zentrales Thema der Sprachwissenschaft. Nur die Frage, wie eine Simulation – also eine exakte, programmierbare Prozeßbeschreibung – solcher Vorgänge aussehen könnte, ist so gut wie ungeklärt.

Die Liste der offenen Fragen ist lang und wird offenbar bei jedem Forschungsfortschritt, der erreicht wird, länger, da man in der Wissenschaft erfahrungsgemäß immer neue Fragen entdeckt. Auf eine der wichtigsten Entdeckungen stieß man aber erst, als man von den Prozessen der einzelnen Ebenen abstrahierte und sich die viel allgemeinere Frage stellte, wie die einzelnen Ebenen einander zugeordnet sind oder wie die Prozesse der einzelnen Ebenen einander zuarbeiten.

Architekturen

Aspekte der Simulation, die die Anordnung und Arbeitsfolge der Programmteile betreffen, faßt man gewöhnlich unter dem Stichwort «System-Architektur» oder «Software-Architektur» zusammen. Programme auf einem Computer haben oft die folgenden drei charakteristischen Architektureigenschaften:

- Sie arbeiten sequentiell, das heißt, die Teile eines Programms können nur in einer festgelegten Reihenfolge (Sequenz) aktiviert werden (Abb. 6).

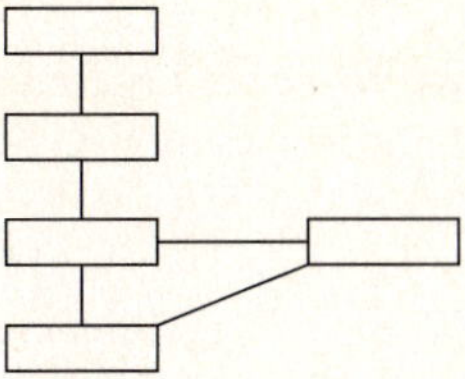

Abb. 6

- Sie arbeiten «bottom up» (Abb. 7).

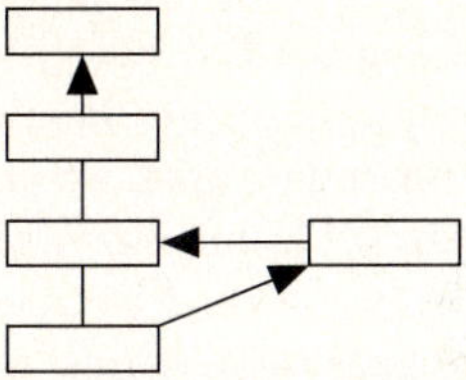

Abb. 7

- Sie arbeiten in der Regel auf kompletten Eingabestrukturen (Abb.8).

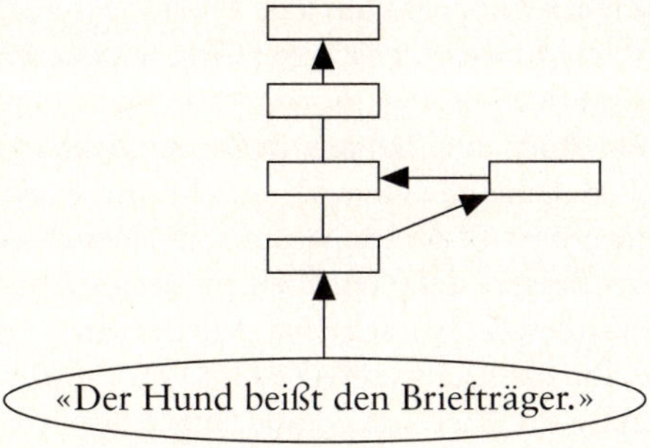

Abb. 8

Ob sich diese «klassischen» Programmeigenschaften für die Simulation von Sprechen auf dem Computer eignet, wird mittlerweile von vielen bezweifelt. Worin die Probleme liegen, sollen die folgenden Abschnitte erläutern.

Bei einer Sprachanalyse ist es zwar verlockend, *sequentiell* vorzugehen, also zunächst die Signalanalyse zu bearbeiten, damit man erst einmal Wörter hat, und dann in aufsteigender Folge die morphologischen, die syntaktischen, semantischen usw. Eigenschaften ebenenweise zu analysieren, also Stufe für Stufe und «bottom up» von den kleinsten

Einheiten zu den größten fortzuschreiten. Jeder Prozeß könnte dann jeweils auf elegante Weise die Ergebnisse der vorigen Prozesse auswerten (die Syntax baut auf dem Erkennen von Flexionsendungen auf usw.). Wenn auf einer der Ebenen keine eindeutige Lösung gefunden werden kann (*Wagen* ist Verb oder Nomen in verschiedenen Kasus), reicht jeder Prozeß alle offengebliebenen Möglichkeiten (eine «Hypothesenmenge») nach oben weiter. Diese Hypothesen werden dann (hoffentlich) auf höheren Ebenen durch deren Prozesse aufgelöst, also eindeutig gemacht.

Bei der Behandlung der Prosodie war aber schon der Verdacht aufgekommen, daß man dieser gar keinen festumrissenen Platz in einer Sequenz von Schritten zuordnen kann (zum Beispiel der Signalerkennung), sondern daß sie Einfluß auf viele Ebenen zugleich hat. Mit unserer bisherigen Vorstellung von klar abgegrenzten Ebenen, die sich nach getaner Arbeit die Ergebnisse sequentiell zuschieben, bis sich ein korrektes Endergebnis ganz oben bei der «Handlung» einstellt, kommen wir da nicht viel weiter.

Wir alle kennen darüber hinaus das Phänomen des erwartungsgesteuerten Mißverständnisses. Fast alle Hörer antworten spontan «Ein Pärchen!» auf die Frage «Wieviel von jeder Tiergattung nahm Moses in der Arche mit?», ohne zu erkennen, daß es natürlich Noah und nicht Moses war, der in die Arche ging. Es spricht offenbar vieles sogar für eine gewisse «top-down»-Strategie des natürlichen Verstehens: Wir haben bereits zu Beginn des Verstehensprozesses Erwartungen, Voreinstellungen, Vorurteile, sprachliche Muster und ähnliche Verstehensstrukturen, die die Analyse steuern und für die nur nach einer Bestätigung gesucht wird. Vieles ist gerade entgegengesetzt organisiert zu dem sequentiellen bottom-up-Schema «Laut → Wort → Satz → Text → Bedeutung → Handlung».

Bei uns setzt offenbar auch nicht erst dann der Verstehensprozeß ein, wenn wir das letzte Wort eines Satzes (also eine komplette Eingabestruktur) gehört haben. Wie könnten wir sonst unseren Gesprächspartnern ins Wort fallen mit einer Äußerung wie: *«Ja, ja, ich weiß schon, das geht klar!»*

Diese Eigenschaft des menschlichen Verstehens nennen wir *inkrementelle* Verarbeitung. Bei gesprochener Sprache, also bei der Verarbeitung von kontinuierlich (ohne Pausen) gesprochenen Signaldaten, bleibt dem Hörer auch gar nichts anderes übrig als inkrementell zu verstehen, denn er hört weder Satzzeichen noch Pausen zwischen den Sätzen. Ob eine Äußerung vollständig ist, ob etwas Gehörtes ein Satz oder aber mehrere Sätze waren, das vermag ein natürlicher Hörer denn auch kaum zu sagen, weil er eben inkrementell versteht.

Sie können sich selbst einmal zu kontrollieren versuchen, indem Sie darauf achten, welche Vermutungen und Weiterführungsmöglichkeiten Sie beim Lesen des folgenden Satzes bereits «unterwegs» gebildet haben: *Der Häftling, der gestern aus der Strafanstalt X geflohen sein soll und am Abend in Y gesehen worden war, ist immer noch flüchtig.*

Haben Sie nicht auch damit gerechnet, daß er gefaßt wurde?

Kurz: Die Produktion und Rezeption von Sprache und die dazu nötigen Prozesse sollte man sich nicht wie ein «Ämtermodell» vorstellen, nach dem jedes Amt woanders sitzt, für etwas anderes (natürlich ganz allein) zuständig ist, Akten in einem festen «Aktenlauf» auf der Hierarchie des Dienstweges überstellt werden und darüber hinaus die einzelnen Ämter nichts voneinander wissen.

Die Abläufe beim menschlichen Verstehen haben, soweit wir darüber Bescheid wissen, eine ganz andere Natur als Ämter und klassische Programme. Wichtige Architekturmerkmale des natürlichen Verstehensprozesses sind vielmehr

- Inkrementelle Datenanalyse
- Nichtebenenorientierte Verarbeitung
- Nichtsequentielle Verarbeitung

Es stellt sich also die Frage, wie die einzelnen Teile des ganzheitlichen Verstehens organisiert sind und wie sie so hervorragend ineinanderspielen, daß wir als Hörer immer das Gefühl haben, es würden gar keine sprachlichen Äußerungen mit ihren vielen Interpretationsebenen ausgetauscht, sondern Vorstellungen, also der Sinn der Äußerung direkt, sozusagen von Kopf zu Kopf. Hier wird die wissenschaftliche Luft in der Sprachsimulation noch sehr viel dünner als bei den Modellen und bei der Formulierung ebenengebundener Prozesse. Auch sind die Möglichkeiten, das Urbild, den Menschen, experimentell zu erforschen, extrem eingeschränkt. Wir verlassen daher diesen Abschnitt lediglich mit einer Reihe von Vermutungen:

Eine angemessene Sprachsimulation muß eine Systemarchitektur besitzen, bei der

- alle Verarbeitungsprozesse nicht erst auf das Ende der Eingabe warten, sondern sofort bei den allerersten Eingabedaten ihre Arbeit aufnehmen (inkrementelle Verarbeitung) und
- an alle anderen Prozesse bereits nach wenigen Analyseschritten vorläufige Interpretationshypothesen senden (keine sequentielle Ebenenstruktur);
- globalere Erwartungen («top-down») den Analyseaufwand stark einschränken und nur noch die nötigen und sinnvollen Verarbeitungsschritte vollzogen werden.

Zum Ende dieses kurzen Streifzugs durch die Computerisierung natürlichen Verstehens sieht man, daß Searles Beispiel vom chinesischen Zimmer sehr treffend und im ganzen zutreffend ist. Allerdings ist die Detailgenauigkeit der modernen Simulationstechniken doch so groß, daß sich die Begriffe «Zeichenmanipulation» und «natürliches Verstehen», von Searle als krasse Gegensätze gemeint, unvermutet annähern. Eine sehr intelligent programmierte Simulation und ein rein technischer Verstehensvorgang, bei dem sich zum Beispiel zwei Personen bei der Arbeit Zahlen zum Aufschreiben zurufen, liegen dann doch recht nahe beieinander.

Mit Searle darf man allerdings nie vergessen, daß wir den natürlichen Verstehensbegriff in seiner ganzen Breite mit den Computermodellen und der Simulation immer nur am Rande streifen. Unsere hier aufgeführten Verstehensbegriffe führen immer zu einer erfolgreichen Strukturanalyse der gesprochenen Äußerung.

In unserer alltäglichen sprachlichen Umwelt gehen wir aber mit einem ganz anderen Spektrum von Verstehensbegriffen um, die wir bei der Computersimulation ausblenden. Im Searleschen Sinne halten wir die Simulation eben für eine *technische Simulation*. Unberücksichtigt bleiben dabei zum Beispiel die folgenden Verstehensbegriffe, die wir auch immer mit im Kopf haben, wenn wir über Verstehen reden:

Verstehen von Bedingungen
Verstehen von Entwicklungen
Bewertendes Verstehen
Moralisches Verstehen

Das Ergebnis solchen Verstehens ist eher ein lebenspraktisches Begreifen unseres Gesprächspartners, nicht nur eine technische Übermittlung von Inhalten; es handelt sich um einen zutiefst *sozialen Verstehensbegriff.*

Literatur

Allen, James: *Natural Language Understanding*, Menlo Park 1987

Hahn, Walther von: Überlegungen zum kommunikativen Status und der Testbarkeit von natürlich-sprachlichen Artificial-Intelligence-Systemen, *Sprache und Datenverarbeitung* 1 (1978), S. 145–169

Hahn, Walther von: Von der Verknüpfung zur Integration: Kontrollstrategie oder kognitive Architektur. In: Günther Görz (Hg.), *Proceedings of KONVENS92*, Berlin 1992

Searle, John R.: Minds, Brains, and Programs, *The Behavioral and Brain Sciences* 3 (1980), S. 417–457

Stachoviak, Herbert: *Allgemeine Modelltheorie*, Wien 1973

Peter Mulser

Zeitlupe Computer: Analyse von Lichtimpulsen jenseits der Meßbarkeit

Schnelle Vorgänge

Rasch ablaufende Veränderungen können die menschlichen Sinne jenseits bestimmter Grenzen nicht mehr oder nur ungenau und unvollständig wahrnehmen. Die Speichen eines schnell rotierenden Rades erscheinen dem Auge als gleichmäßige, durchsichtige Scheibe. Will man die Speichenform erkennen, muß man das Rad verlangsamen oder mit einer schnellen Kamera fotografieren. Viele rasche Abläufe spielen in der Technik eine große Rolle und müssen deswegen sorgsam analysiert werden, so zum Beispiel die Ausbreitung der Brennfront in einem Ottomotor oder die Schwingungen der Schaufeln eines Strahltriebwerks. Diese Vorgänge kann man nicht verlangsamen, weil sie dann ganz anders oder vielleicht überhaupt nicht mehr ablaufen. Hier helfen schnelle Meßsonden oder die schnelle Kamera. Letztere hat eine erstaunliche Entwicklung durchgemacht: Vor dreißig Jahren hatte die schnellste, eine sogenannte Bildwandkamera, eine Zeitauflösung von etwa einer Nano-, das heißt einer Milliardstelsekunde (10^{-9} s). Heute ist sie um etwa einen Faktor 1000 besser, ihre Zeitauflösung liegt im Pikosekundenbereich (10^{-12} s). Man vergegenwärtige sich: Das Licht, der flinkste Bote, braucht bis zum Mond lediglich 1¼ Sekunden; in einer Pikosekunde (abgekürzt ps) überbrückt es nur 0.3 Millimeter, die Dicke von vier Blatt Papier. In der Natur gibt es aber noch viel kürzere Vorgänge. Je weiter wir in den Mikrokosmos hinabsteigen, desto gewaltiger werden die dort wirkenden Kräfte. Die schnellsten Ereignisse dauern nur einige 10^{-24} Sekunden. Für solche Einheiten, nämlich ein Billionstel einer Pikosekunde, gibt es zur Zeit nicht einmal einen eigenen Namen. Es ist die Zeit, die das Licht braucht, ein Proton, also einen Wasserstoffkern, zu durchqueren. Für die Durchquerung eines ganzen Atoms braucht es schon etwa hunderttausendmal länger (3×10^{-19} s). Für längere Zeitdauern haben wir eigene Namen, was das Reden über die Dinge vereinfacht. Darum seien diese Begriffe mit ihren jeweiligen Symbolen aufgeführt:

1 Millisekunde	(ms)	10^{-3} s	(Tausendstelsekunde)
1 Mikrosekunde	(µs)	10^{-6} s	(Millionstelsekunde)
1 Nanosekunde	(ns)	10^{-9} s	(Milliardstelsekunde)
1 Pikosekunde	(ps)	10^{-12} s	(Billionstelsekunde)
1 Femtosekunde	(fs)	10^{-15} s	(Billiardstelsekunde)
1 Attosekunde	(as)	10^{-18} s	(Trillionstelsekunde)

In 0.3 Attosekunden (as) also durchmißt das Licht ein Atom. Die aufgeführten Vorsilben verwenden wir auch bei jeder anderen Maßeinheit, zum Beispiel Nanometer ($1\,\text{nm} = 10^{-9}\,\text{m}$) oder Mikrogramm ($1\,\mu\text{g} = 10^{-6}\,\text{g}$). Millimeter und Milligramm sind allgemein geläufig. Warum nur verkleinern und nicht auch in die Größe gehen? Hier sind die Namen:

Deka-	(da)	10	Zehn
Hekto-	(h)	10^{2}	Hundert
Kilo-	(k)	10^{3}	Tausend
Mega-	(M)	10^{6}	Million
Giga-	(G)	10^{9}	Milliarde
Tera-	(T)	10^{12}	Billion
Peta-	(P)	10^{15}	Billiarde
Exa-	(E)	10^{18}	Trillion

An die Vorsilbe hängt man wieder den Namen einer Einheit an: Dekagramm (dag), Hektoliter (hl), Megatonne (Mt), Petawatt (PW, etwa die Leistung von einer Million Kraftwerksblöcken).

Vorgänge unter einer Pikosekunde gibt es für den Physiker zuhauf. Was also tun, um ein detailliertes, zeitlich gut aufgelöstes Bild von ihnen zu erhalten? Man macht, was man immer schon machte: Es wird ein plausibles Modell eines Vorgangs entwickelt. Wenn es einfach genug ist, können daraus Größen errechnet werden. Der Experimentator mißt die gleichen Größen in der Realität und vergleicht. Ist die Übereinstimmung gut, und trifft das für verschiedene Größen zu, dann wird es immer wahrscheinlicher, daß das Modell, das erst nur eine Hypothese war, richtig ist; die Indizienkette schließt sich.

Zu ein und demselben Vorgang kann es verschiedene Modelle geben. Das eine Modell gibt bestimmte Größen besser wieder, ein zweites liefert genauere Aussagen für andere Größen desselben Vorgangs oder Experiments. Charakteristisch für Modelle ist es, daß keines alle Aspekte, die volle Wirklichkeit, beschreibt. In der Vorcomputerzeit war man gezwungen, einfache Modelle zu entwickeln, damit sie analytisch, das heißt mit Papier und Bleistift, gelöst werden konnten oder per Hand für einzeln herausgegriffene Fälle numerisch berechenbar wurden. Mit der Entwicklung der großen und schnellen Computer ist das «Modellieren» von Experimenten in eine neue Phase getreten: komplexe, durch viele Wechselwirkungen zwischen den einzelnen Größen gekennzeichnete Modelle können heute durchgerechnet werden. Es ist bezeichnend, daß gerade durch den Computer die «Komplexität» der Wirklichkeit neu ins allgemeine Bewußtsein gerückt ist.

Woher kommen die Modelle der Computersimulation? Die Antwort ist so einfach wie unbefriedigend: aus der Intuition wie alle Wissenschaft. Aus dieser Sicht der Dinge steckt viel Willkür oder, ins Positive gewendet, viel Freiheit im Modellieren. Welches Modell im einzelnen richtig ist, entscheidet letztlich der Erfolg – wie Ernst Mach es sah: Erkenntnis und Irrtum fließen aus derselben psychologischen Quelle; nur der Erfolg vermag sie zu scheiden.

Ein Beispiel: Ludwig Boltzmann hat gegen Ende des 19. Jahrhunderts behauptet, daß ein Gas aus Atomen bestehe, obwohl er nie eines gesehen hatte, und er stellte dafür eine berühmte Gleichung auf, mit deren Hilfe er bei gegebener Temperatur und Dichte den Gasdruck, die Schallgeschwindigkeit, Wärme- und elektrische Leitfähigkeit, ja sogar die Geschwindigkeitsverteilung der Atome berechnen konnte. Alles stimmte. Schließlich überzeugten sich auch die größten Skeptiker von der Richtigkeit der atomistischen Hypothese.

Jede wissenschaftliche Disziplin hat im Laufe ihrer Entwicklung einen Fundus erfolgreicher Modelle (Theorien, Naturgesetze, Gleichungen) angesammelt, aus dem für die Modellierung des einzelnen ins Auge gefaßten Vorgangs geschöpft werden kann. Damit dürfte auch klar sein, daß es jeweils so etwas wie ein optimales Modell gibt. Im folgenden soll am Beispiel der Wechselwirkung ultrakurzer, superintensiver Laserpulse mit Festkörperoberflächen ein dafür adäquates Verfahren der Computersimulation sehr schneller Vorgänge bis ins Detail dargestellt werden, das sich bisher auch als das erfolgreichste erwiesen hat. Nebenbei soll dem Leser damit zugleich klargemacht werden, welche Vielfalt an Erscheinungen aus einem verhältnismäßig einfachen Modell resultieren kann, die aufzuspüren nur dem Supercomputer gelingt.

Ultrakurze Lichtimpulse

Der Laser ist mit dem Teilchenbeschleuniger wahrscheinlich das wichtigste wissenschaftliche Gerät der Gegenwart. Seit seiner Erfindung im Jahr 1960 hat man die verschiedensten Varianten mit Frequenzen vom Infraroten (IR) bis ins Ultraviolette (UV) entwickelt. Seit knapp zehn Jahren geht die Entwicklung in Richtung ultrakurzer und zugleich sehr intensiver Laserpulse. Pulse bis zu 6 Femtosekunden Länge (6×10^{-15} s) hat man erzeugt; typisch ist eine Pulsdauer von 100 Femtosekunden. Auch wenn sich die Lichtenergie eines solchen Pulses nur im Bereich von einigen 100 Millijoule (mJ), das heißt etwa einer Zehntausendstel Kalorie, bewegt, erreicht man wegen deren Kürze Leistungen jenseits jeder Vorstellungskraft.

Wir wollen uns einige charakteristische Zahlenwerte eines Pulses von 100 Femtosekunden Dauer und 1 Joule Energie vor Augen führen. Ein solches Lichtscheibchen von nur 30 Mikrometer Dicke und einer Leistung von 10 Terawatt, das zudem mit Lichtgeschwindigkeit durch den Raum fliegt, kann man als wildgewordenes Lichtkraftpaket bezeichnen; es erbringt dieselbe Leistung wie zehntausend große Kraftwerksblöcke, aber eben nur für eine zehntel Pikosekunde. Nun kann man Laserlicht auch noch vortrefflich fokussieren. Es ist ein leichtes, dieses Scheibchen durch eine Sammellinse auf einen Durchmesser von 35 Mikrometern zu komprimieren, was ungefähr seiner Dicke entspricht, und damit zu einer Intensität, also Leistungsdichte, von $I = 10^{18}$ Watt pro Quadratzentimeter ($\mathrm{W\,cm^{-2}}$) zu gelangen. Zum Vergleich: Grelles Sonnenlicht liefert lediglich 0.13 $\mathrm{W\,cm^{-2}}$. Wo das fokussierte Kraftpaket auftritt, erzeugt es einen Lichtdruck von 500 Megabar, das sind eine halbe Milliarde Atmosphären. Dieser gewaltige Druck erwächst dem Laserpuls aus seinem elektromagnetischen Feld: Licht ist nichts anderes als die Energie schnell schwingender elektrischer und magnetischer Felder. Eine Schwingung dauert je nach Wellenlänge des Pulses 1 bis 3 Femtosekunden. Ein typischer Impuls enthält lediglich fünfzig Schwingungen. Die elektrische Feldstärke ist so hoch, daß sie zwischen den entgegengesetzten Seiten eines Atoms die Spannung von 300 Volt aufbauen würde, 10^{15} mal pro Sekunde. Aber dazu kommt es nicht, denn die sich aufbauende Spannung entreißt dem Atom die äußeren Elektronen, noch bevor sie sich voll ausbilden kann. Wir sagen, es tritt Feldionisation ein, und zurück bleibt ein stark positiv geladenes Ion.

Die freigesetzten Elektronen bestimmen das optische Verhalten von Festkörperoberflächen. Man kennt die Bewegung eines Elektrons in einer Lichtwelle sehr genau. In einem fortschreitenden Laserpuls beschreibt ein Elektron eine Bahn von der Form einer Acht, die im Takt der Lichtschwingung durchlaufen wird (vgl. Abb. 1 für drei verschiedene Laserintensitäten). Die Größe der Acht ist durch das Magnetfeld bestimmt. Bei niedriger Intensität bewegt sich das Elektron langsam, und die Acht wird schmal wie ein Strich. Bei $I = 10^{18}$ W cm^{-2} wird das Elektron während einer Lichtschwingung fast auf Lichtgeschwindigkeit beschleunigt, in der Kurve auf null heruntergebremst, in die entgegengesetzte Richtung wieder auf dieselbe hohe Geschwindigkeit gebracht und in der zweiten Kurve wieder auf null gebremst. War das Elektron vor Ankunft des Laserpulses in Ruhe, dann ruht es danach auch wieder, aber der Lichtdruck hat es etwas in Strahlrichtung verschoben. Bei dieser Intensität schwingt es die enorme Strecke von siebenhundert Atomdurchmessern aus. Dieser Wert lädt wiederum zu einem Vergleich mit dem Sonnenlicht ein. Hier beträgt die Schwingungsamplitude lediglich einige Zehnmillionstel Atomdurchmesser. Und doch vermag diese minimale Bewegung ganz schön zu blenden (das heißt Leistung zu erbringen), wenn das Sonnenlicht in einen Spiegel fällt. Die ungeheure Anzahl der Elektronen macht's.

Ähnlich ist es beim Laserpuls: Ein beschleunigtes Elektron strahlt mit derselben Frequenz, mit der es angeregt wird, und weil im Laser – wie beim Spiegel – alle Elektronen im Gleichtakt schwingen, kommt es zur Reflexion. Es gibt zwei Unterschiede: Weil der Laserpuls gleich zu Anfang Elektronen zuhauf freisetzt, wirkt jede Oberfläche wie ein Spiegel, ob Wasser, Kohle oder Gold. Zum zweiten überlagert sich die reflektierte Welle mit der einfallenden Welle; es bildet sich eine teilweise oder vollständig stehende Welle mit Gebieten erhöhter und verminderter Intensität aus, es entstehen «Berg und Tal». Jetzt ist es aus mit der regelmäßigen «Achterbahn» eines Elektrons, denn seine Bahn kreuzt

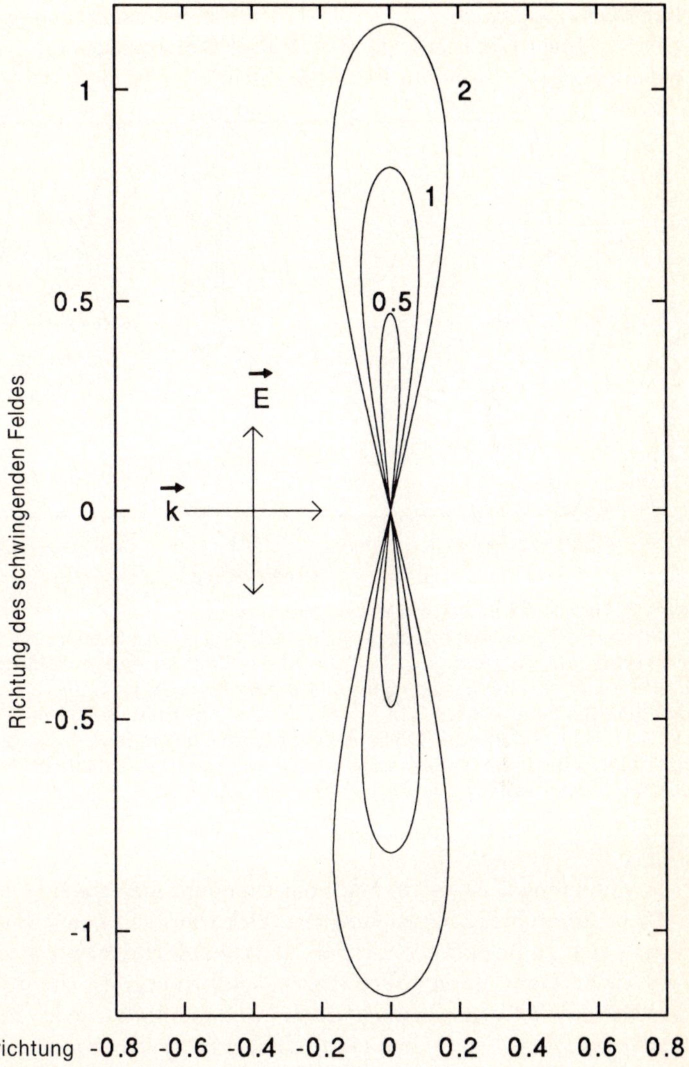

Abb. 1: Bahnen eines freien Elektrons in einer fortschreitenden Laserwelle. Je höher die Intensität des Magnetfeldes, desto weiter und schneller schwingt das Elektron aus. Intensität $I = 10^{17}$, 4×10^{17}, 1.6×10^{18} W cm^{-2}. Der Laserpuls bewegt sich in Richtung $\vec{k}$, das elektrische Feld $\vec{E}$ steht senkrecht auf $\vec{k}$.

Regionen verschiedener Magnetfeldintensität und wird teils abgelenkt, teils abgebremst, teils beschleunigt. Je nach Anfangslage und Anfangsgeschwindigkeit wird seine Bahn chaotisch.

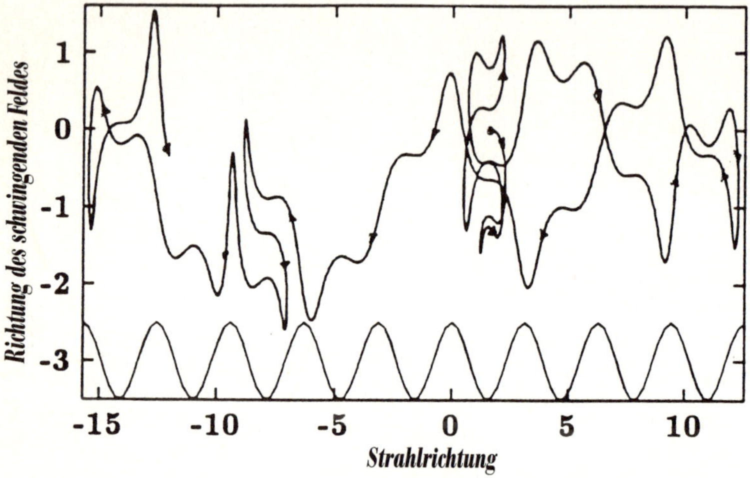

Abb. 2: Chaotische Bewegung eines Elektrons (oben) in einer stehenden Laserlichtwelle (unten) der Intensität $I = 5 \times 10^{17}$ W cm $^{-2}$. An Orten hoher Intensität (über den «Gipfeln» der Welle) wird das Elektron stark in Feldrichtung beschleunigt, das heißt, seine Bahn steigt oder fällt sehr steil. Dies entspricht den geraden Strecken der Acht in Abbildung 1. An Orten geringerer Intensität (über den «Tälern» der Welle) bewegt es sich in Feldrichtung langsamer, das heißt, seine Bahn ist flacher, ja fast waagerecht. Dies entspricht den beiden Kurven der Acht.

In Abbildung 2 ist so ein Fall vom Computer berechnet: Obwohl nach herkömmlicher Vorstellung das Elektron das Intensitätstal, in dem es sich zu Beginn befindet, nie verlassen dürfte, begnügt es sich nicht mehr damit, darin zu schwingen, sondern begibt sich auf Wanderschaft, viele Täler weiter, und kommt dann doch wieder zurück. Das System ist völlig deterministisch, aber eben auch chaotisch, denn ein Hauch von Veränderung in Anfangsort und -geschwindigkeit, und der Spaziergang fällt völlig anders aus. Ohne Computer wäre man bei solchen Bahnen, die sich schon in einer völlig glatten und regulären Feldverteilung ergeben, verloren. Der Leser wird sich gut vorstellen können, wie komplex die Elektronenbahnen erst werden müssen, wenn nur das einfallende elektromagnetische Feld des Lasers regulär und glatt ist, die reflektierte Welle hingegen, da sie sich aus Elektronenbahnen wie in Abbildung 2 zusammensetzt, selbst fluktuiert und Charakteristika von Chaos in sich trägt. Davon aber später im Detail.

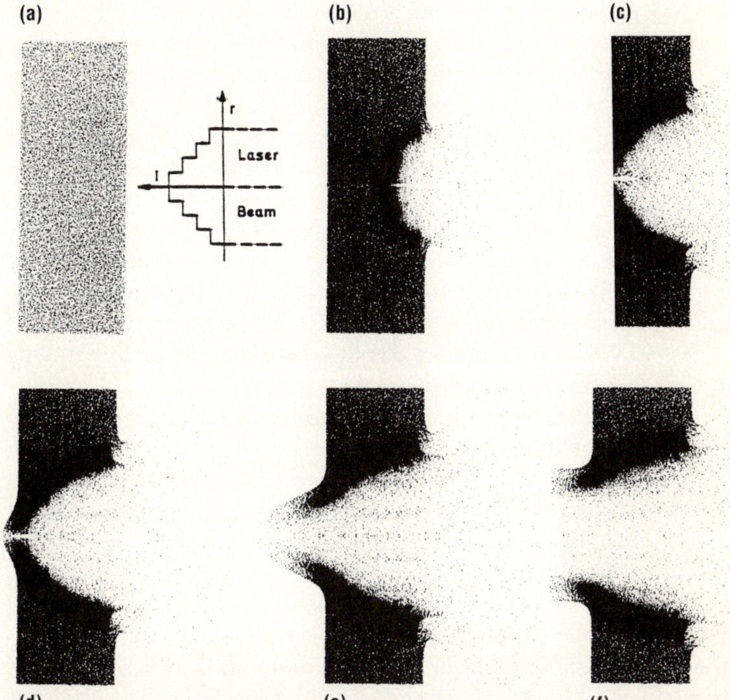

Abb. 3: Wechselwirkung eines Laserstrahls der Intensität $I = 10^{15}$ W cm $^{-2}$ mit einer Scheibe aus festem Wasserstoff zu den Zeitpunkten $t = 0$ (a), 0.5 (b), 1.2 (c), 1.4 (d), 1.7 (e) und 2.0 Nanosekunden (f) nach Auslösung des Laserpulses. Der Laserstrahl kommt von rechts (a); das heiße Plasma strömt entgegen dem Laserstrahl nach rechts ins Vakuum ab, bis das 100 Mikrometer dicke Scheibchen durchgebrannt ist (d). Von da an expandiert das Plasma auch in Richtung Laserstrahl. Diese Particle-in-Cell-(PIC)-Simulation wurde mit 13230 Teilchen durchgeführt.

Naturvorgänge, im Computer nachgestellt

Unabhängig von Nutzen und Notwendigkeit, lediglich dem Spieltrieb folgend, wird es so manchen reizen herauszufinden, was man mit heutigen Großrechnern alles simulieren kann. Im Fall der Laserpulse kommen zur Neugier ernsthafte anwendungsorientierte Motive hinzu. Stellen wir uns vor, ein Laserstrahl fällt aus dem Vakuum auf ein glattes Stück Materie. Wenn er auch nur zu einem Bruchteil an der Oberfläche absorbiert wird, ist das so viel Energie, daß die Materie örtlich schlagartig auf viele Millionen Grad aufgeheizt wird. Infolge ihres hohen Drucks wird sie explosionsartig verdampfen. Dabei übt das heiße Gas Druck auf den restlichen Festkörper aus. An diesem Vorgang ist eine ungeheure Zahl von Atomen, alle durch den Laser in Ionen und Elektronen zerschlagen, beteiligt. Um das Wesentliche nachzubilden, müßte jedoch auch eine viel kleinere Zahl von Atomen ausreichen. Dies ist in der Tat der Fall. In Abbildung 3 (vorige Seite) ist eine solche Particle-in-Cell-, kurz PIC-Simulation gezeigt: Der Laser mit der skizzierten Intensitätsverteilung (hoch in der Mitte, gering am Rand; Bild a) trifft auf das graue Gebilde, das hier lediglich aus 13 230 zufällig angeordneten fiktiven Atomen besteht. Da man die Kräfte, die auf jedes Teilchen wirken, kennt, kann jede einzelne Bahn berechnet werden. Es ergibt sich die dargestellte Bilderfolge, erstellt aus der Lösung von 13 230 Gleichungen – der Computer ist schnell und ausdauernd. Man sieht, wie das heiße ionisierte Gas – dieser Materiezustand heißt Plasma – sich ins Vakuum verdünnt und infolge seines gewaltigen Drucks die Materie im Krater komprimiert, erkennbar an der dunklen Schale, die sich in den Festkörper vorschiebt und diesen schließlich auf der Rückseite zum Aufplatzen bringt. Für das Auge sieht es so aus, als ob der Laserstrahl das Objekt perforiert hätte; in Wirklichkeit macht dies das heiße Plasma. Ganz ähnliche Bilder ergeben sich übrigens, wenn man einen Meteoriteneinschlag simuliert. Durch das plötzliche Abstoppen des Himmelskörpers wird seine ganze kinetische Energie in Wärme umgewandelt, er wird zum heißen, hochkomprimierten Gasball, der sich durch Abströmen an der freien Oberfläche «Luft macht» und in die Erde hinein eine Kompressionswelle treibt, die mit Überschallgeschwindigkeit fortschreitet.

Der Vorgang in Abbildung 3 wird durch einen Lichtpuls von «nur» 10^{15} W cm^{-2} im Nanosekundenbereich ausgelöst, wo man die Simulation noch mit Fotografien des wahren Geschehens vergleichen kann. Was ein solcher Nanosekundenpuls in einem dicken Kupferobjekt tatsächlich anrichtet, ist in Abbildung 4 zu sehen. Die Ähnlichkeit mit der Rechnung läßt sich nicht leugnen. Der aufgeworfene Wulst entsteht erst lange nach dem Laserpuls beim Erkalten des Materials. In Abbildung 3 dauert der Laserpuls bis zum letzten Bild an, was heißt, für sehr kurze Zeit, daher kann sich der «Kraterrand» nicht abkühlen und keinen Wulst ausbilden.

Die Simulation und das Bild sind vor über zwanzig Jahren während meiner Zeit am Max-Planck-Institut für Plasmaphysik in München entstanden, das für damalige Verhältnisse über modernste Rechenmöglichkeiten verfügte. Heute könnte man damit keinen Staat mehr machen. Aber die Methode ist dieselbe geblieben. Rund um den Erdball werden heute verfeinerte PIC-Codes geschrieben, um die Wirkung ultrakurzer Pulse auf Festkörperoberflächen zu studieren. Die Simulationen werden hauptsächlich gemacht, um herauszufinden, wieviel Laserlicht absorbiert und wieviel reflektiert wird, welche Temperatur sich einstellt und wie dick die aufgeheizte Schicht ist. Es ist zu vermuten, daß bei hohen Intensitäten vieles anders ist als bei niedrigen, bei denen noch die normale, lineare Optik Gültigkeit hat.

Nach herkömmlichen Vorstellungen ergäbe sich folgendes Bild: Der superintensive Femtosekunden-Laserpuls fällt auf eine Oberfläche und setzt fast sofort die äußeren Elektronen der Atome frei. Diese werden in der Lichtwelle zu Schwingungen angeregt und strahlen dabei selber Licht der einfallenden Frequenz aus, und zwar in entgegengesetzter Richtung wie der einfallende Puls. Dies führt dazu, daß die Welle knapp unterhalb der Oberfläche, in der sogenannten Skinschicht, fünfzig Atomlagen tief, gelöscht wird; die freien Elektronen schützen also die tieferliegenden Schichten vor dem eintreffenden Lichtblitz. Die Reflexion aber ist anfangs nicht vollständig; die Elektronen reiben sich an den dicht gepackten Ionen, wodurch ihre Schwingung behindert wird. Die überschüssige Lichtenergie wird in Wärme, das heißt Bewegungsenergie der Elektronen, umgewandelt. Je schneller diese nun werden, desto weniger sind sie durch die Ionen behindert. Sie fangen an, sich freizuschwingen. Es ergibt sich folgendes Problem: Ohne Reibung gibt es keine Energiedissipation mehr, das einfallende Licht wird vollständig reflektiert. In der Praxis hieße das, jede feste Oberfläche, gleich welcher Substanz, würde zum perfekten Spiegel und somit der über-

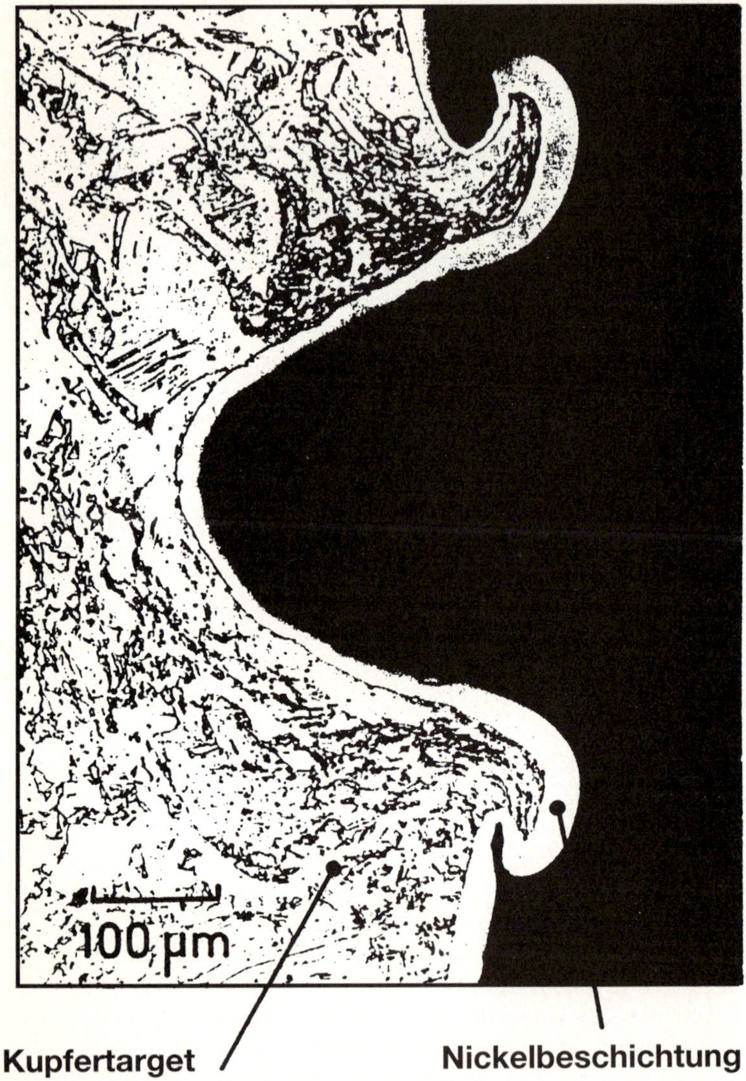

Abb. 4: Dieser Krater in festem Kupfer wurde von einem fokussierten Laserpuls von 10 Joule Energie und 10 Nanosekunden Dauer erzeugt. Die Nickelschicht wurde zum Schutz nachträglich aufgebracht.

wiegende Teil der Laserlichtenergie nutzlos vergeudet. Kaum zu glauben – und zu einfach: Zu erfinderisch ist die Natur im Aufspüren neuer Wege, Energie zu dissipieren. Aber worin besteht dann der zweite Absorptionsmechanismus, und wie effizient ist er? Das war die Frage, die wir in der Arbeitsgruppe Theoretische Quantenelektronik an der TH Darmstadt durch unsere alternative Computersimulation in den Grundzügen beantwortet haben.

Simulationen enthüllen die Wirkungsweise der Skinschicht

Um es gleich vorwegzunehmen: Hätten wir PIC-Simulationen durchgeführt wie alle Welt, so hätten wir die richtige Antwort kaum gefunden. PIC-Rechnungen sind verhältnismäßig einfach, sehr flexibel und leicht zu interpretieren, aber meist auch recht ungenau und verrauscht (zumindest heute noch; wir brauchen größere Computer!). Ein Rückblick auf Abbildung 3 genügt, um sich davon zu überzeugen. Der alternative Weg, den wir eingeschlagen haben, besteht in der Lösung der sogenannten relativistischen Vlasov-Gleichung. Diese Art von Simulation ist zwar wesentlich aufwendiger als PIC, dafür aber auch wesentlich genauer und klarer.

Die nächsten beiden Absätze werden nicht für jeden verständlich sein, sind aber für den, der tiefer eindringen möchte, wichtig. Geht es nur um den Überblick, können sie übersprungen werden. Leider sind auch die folgenden Abbildungen nicht sofort eingängig (ich selbst habe mich erst allmählich daran gewöhnt und noch heute gelegentlich Schwierigkeiten, sie zu lesen). Wenn man sie wie die Bodenerhebungen im Atlas zu deuten versucht, stellt sich bald ein Gefühl dafür ein, wie der Laser die Elektronen im Festkörper zu Bergen auftürmt und durch tiefe Täler trennt, Augenblicke später alles verschiebt, verwischt und in ständiger Bewegung hält. Vielleicht zieht ein anderer Leser die Analogie zur stürmisch bewegten See vor. Es gibt viele Zugänge zu einer raschen gefühlsmäßigen Erfassung des dargestellten Sachverhalts.

Es wird eine Impulsverteilungsfunktion $f(\vec{x},\vec{p},t)$ eingeführt, die zu jedem Zeitpunkt t an jedem Ort $\vec{x}$ angibt, wie viele Elektronen sich dort mit dem Impuls $\vec{p}$ befinden. Statt des Impulses könnte man auch die Geschwindigkeit $\vec{v}$ nehmen, da sie über die einfache Beziehung $\vec{p} = m\vec{v}$ zusammenhängen. Man muß lediglich beachten, daß die Elektronenmasse m nach Einstein von der Geschwindigkeit abhängt (daher «relativistisch»). Die Vlasov-Gleichung beschreibt das kollektive Verhalten der Materie. Sie besagt, daß die partiellen Ableitungen der Verteilungsfunktion f sich zu Null addieren: Die Elektronen stoßen praktisch nie mit den Ionen zusammen, so daß es keine Beeinflussung der Impulsverteilung durch Wechselwirkung mit den Ionen gibt.

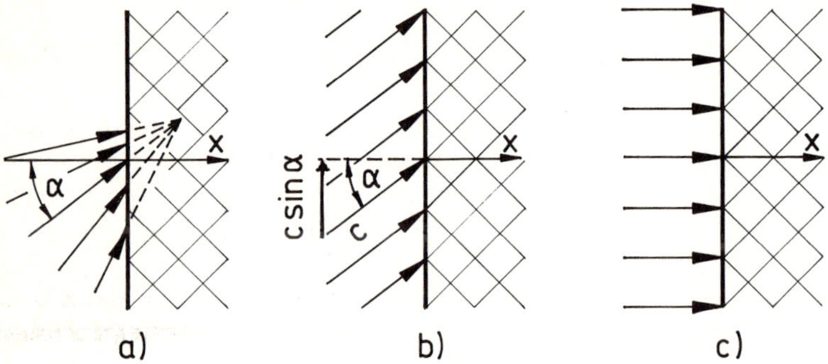

Abb. 5: (a) Ein Laserpuls wird unter dem Winkel α auf eine Oberfläche fokussiert.
(b) Der fokussierte Puls wird durch eine ebene Welle der gleichen Intensität unter gleichem Einfallswinkel ersetzt.
(c) Für einen sich mit der Geschwindigkeit $c \sin \alpha$ parallel zur Oberfläche bewegenden Beobachter fällt die ebene Welle senkrecht ein.

Hartmut Ruhl hat ein Programm entwickelt, das die Gleichung löst und die Resultate anschaulich darstellt. Eigentlich sollte die Wechselwirkung eines unter einem Winkel α einfallenden und auf einen Punkt knapp unter der Oberfläche fokussierten Laserpulses der Intensität 10^{18} W cm^{-2} mit dem elektrischen Feld in der Einfallsebene (Zeichnungsebene in Abb. 5 a) simuliert werden. Das funktioniert jedoch leider nicht; kein Computer kann diese Aufgabe in vernünftiger Zeit bewältigen. Also muß vereinfacht werden. Man überlegt sich, daß es für das grundsätzliche Verständnis ein paralleler, unendlich ausgedehnter Strahl, ein zur ebenen Welle stilisierter Laserpuls ebensogut tut (vgl. Abb. 5 b). Es stellt sich heraus, daß dieses Problem vierdimensional – zwei Koordinaten für die Orte $\vec{x} = (x,y)$ und zwei für die Impulse $\vec{p} = (p_x,p_y)$ – und damit immer noch zu groß ist, auch für den größten Rechner. Da hilft ein Trick. Der Leser rotiere Abbildung 5 b um 90 Grad, so daß der Festkörper unten liegt, und stelle sich vor, die Pfeile gäben die Richtung an, aus der vom Wind gepeitschter Regen hereinprasselt, und ihre Länge die Strecke, die ein Tropfen in einer Sekunde zurücklegt. Läuft nun der Betrachter mit dem Wind im Rücken gerade mit der eingezeichneten Geschwindigkeit $c \sin \alpha$ parallel zur Oberfläche, dann sieht er den Regen senkrecht fallen. Der Leser versteht leicht, daß in dieser Situation ein Regentropfen, der über seinem Kopf schwebt, lediglich seine Höhe verringert, bis er auftrifft, was eben heißt, daß er für den laufenden Beobachter senkrecht fällt. Auf unsere Situation übertragen, bedeutet dies, daß in einem parallel zur Oberfläche mit der Geschwindigkeit $c \sin \alpha$ bewegten Bezugssystem – c bezeichnet die Lichtgeschwindigkeit – die ebene Welle senkrecht einfällt (Abb. 5 c). So reduziert sich das Problem um eine Dimension im Ort und wird insgesamt dreidimensional (x,p_x,p_y) und damit rechenbar.

Der Computer löst nun die Vlasov-Gleichung in Zeitintervallen von je 10 Attosekunden ($= 10^{-17}$ s) und erzeugt eine Unmenge Daten. Es stellt sich die Frage, welche Daten man in welcher Form darstellen soll. Aus der Impulsverteilungsfunktion $f(x,p_x,p_y,t)$ kann man eine Verteilungsfunktion $g(x,p_x,t)$ in Richtung x des Laserstrahls ableiten und zu verschiedenen Zeiten als Funktion des Ortes x darstellen. (Der Leser kann die Impulse direkt als Geschwindigkeiten deuten, solange es um ein qualitatives Verständnis geht.) Zu Beginn ($T=0$), also kurz vor Eintreffen des Laserpulses, ist eine Gleichgewichtsverteilung der Elektronenimpulse angenommen und als Höhenlinienbild dargestellt wie auf einer geographischen Karte (Abb. 6, links oben). Es ist angenommen, daß die Materie etwas vor der Linie $x=0$ beginnt (etwa bei $x=-0.8$) und bei $x=0.1$ die volle Dichte erreicht. Die Elektronen mit positiven Impulsen (also oberhalb der punktierten Achse) bewegen sich nach rechts in die Materie hinein, die Elektronen mit negativen Impulsen

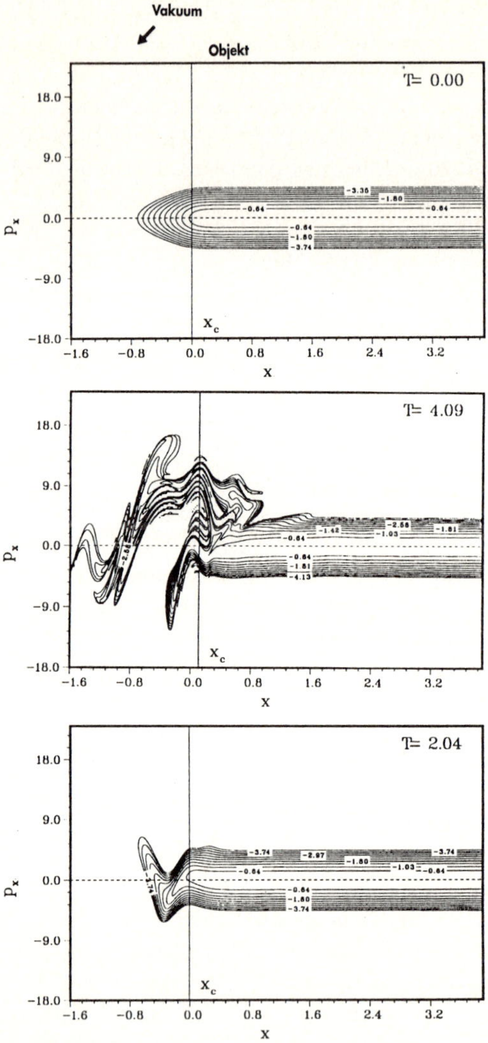

Abb. 6: Ein Laserpuls der Intensität $I = 10^{18}$ W cm^{-2} fällt von links auf einen Festkörper ein, der etwa den Raum rechts von x_c erfüllt, und löst hektische Bewegungen der Elektronen in der Oberflächenschicht aus. Dargestellt ist die Elektronenverteilungsfunktion $g(x,p_x,t)$ als Funktion der Ortskoordinate x und der Impulskomponente p_x in x-Richtung zu Beginn der Einstrahlung

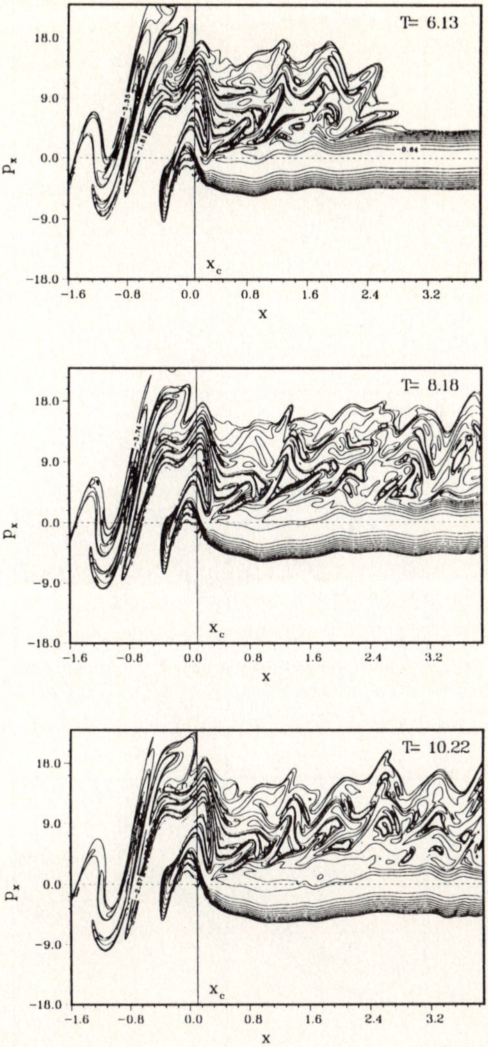

(*T*=0.00) und nach 2.04, 4.09, 6.18, 8.18, 10.22 Lichtschwingungen. Man sieht, daß die in Pulsrichtung ins Innere des Objekts hineinfliegenden Elektronen (positiver *x*-Impuls, also obere Bildhälften) sich heftiger bewegen als die in Richtung Laser zurückgeworfenen (negativer *x*-Impuls, also untere Bildhälften).

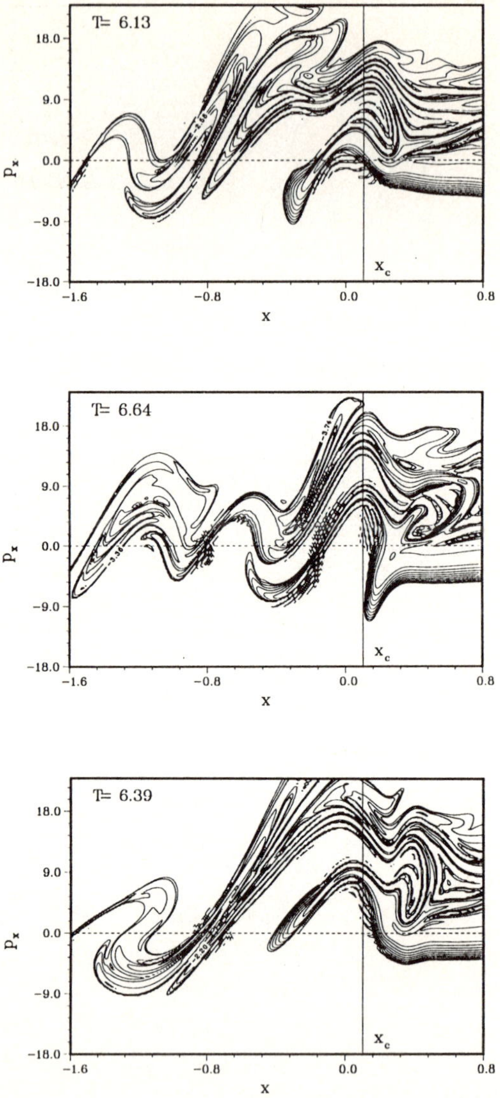

Abb. 7: Ordnung im Chaos. Der Übergangsbereich von Vakuum und Festkörper ist in Intervallen von je einer viertel Lichtschwingung vergrößert dargestellt. Die Muster kehren bis ins Detail periodisch wieder.

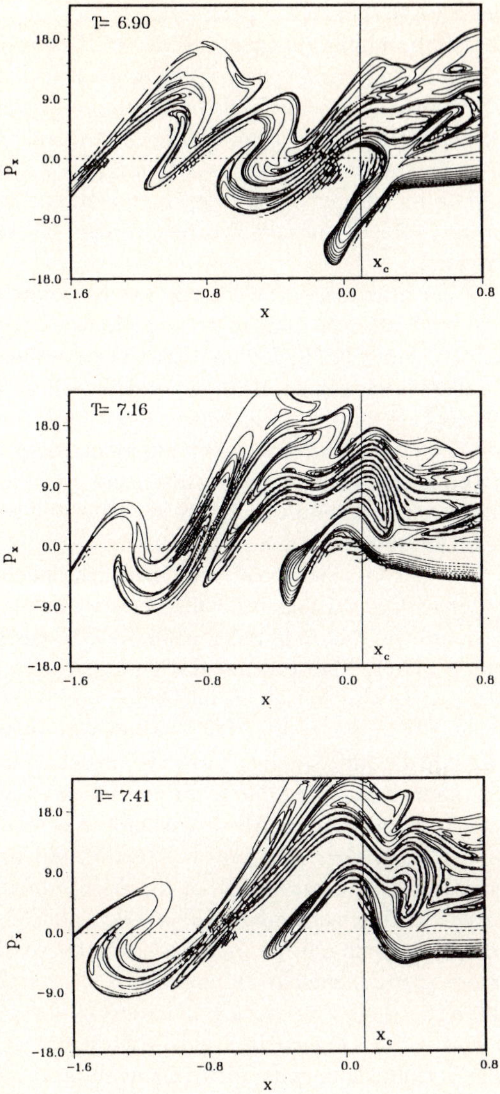
T= 6.90
18.0
9.0
0.0
−9.0
−18.0
p_x
x_c
−1.6
−0.8
0.0
0.8
x
T= 7.16
18.0
9.0
0.0
−9.0
−18.0
p_x
x_c
−1.6
−0.8
0.0
0.8
x
T= 7.41
18.0
9.0
0.0
−9.0
−18.0
p_x
x_c
−1.6
−0.8
0.0
0.8
x

unterhalb der punktierten Achse nach links in Richtung Vakuum. In Abbildung 6 trifft von links ein Laserpuls der Stärke $I = 10^{18}$ W cm^{-2} auf. 2.04 Lichtschwingungen später (Abb. 6, oben rechts) sieht man deutlich die Verzerrung der ursprünglichen Verteilung durch das starke Laserfeld. Die weiteren Bilder zeigen, wie die Elektronen immer heftiger ins Vakuum geschleudert (unterer linker Quadrant: negative Impulse p_x, Orte im Vakuum vor der Oberfläche) und dann mit noch größerer Vehemenz in das Objekt zurückgeworfen werden (obere Bildhälfte: positive p_x-Werte).

So läuft eine gewaltig tosende Welle von beschleunigten Elektronen immer tiefer in den Festkörper hinein, wobei periodische Strukturen sich mit eingestreuten Unregelmäßigkeiten (Chaos) vermischen. Am besten läßt der Leser diese Bilderfolge einfach so auf sich wirken; sie vermittelt ein unmittelbares Gefühl für die ungeheuren Kräfte im Laserpuls, die die Elektronen im Takt der Lichtfrequenz bis auf Lichtgeschwindigkeit beschleunigen und in den Festkörper hineinschleudern. Wie ein heftiges Beben, begleitet von Vulkanausbrüchen in der Tiefe und Eruptionen an der Oberfläche, erschüttert es den Festkörper.

Sehen wir uns das Geschehen an der Oberfläche noch genauer an (Abb. 7): Das erste Bild (a) ist nach $T = 6.13$ Laserschwingungen aufgenommen, das vorletzte (e; unten links) nach $T = 7.16$, also etwas mehr als eine Periode später. Man erkennt das Periodische im Ablauf; die Formen in 7 a und 7 e ähneln sich bis ins Detail, und fast ebenso in 7 b (oben rechts) und 7 f (unten rechts). Die Zeitlupe Computer zeigt faszinierende Muster in der Abfolge einer halben Femtosekunde. Die Vielfalt der Formen kommt durch die hohe Lichtintensität zustande; bei zum Beispiel hundertmillionenfacher Abschwächung, was immer noch sehr viel Intensität ist, sähen die Bilder ganz regelmäßig und langweilig aus.

Der Unterschied zur linearen Optik bei «niedriger» Intensität (wobei zum Beispiel die Lichtintensität einer Million Blitze noch als niedrig gilt) wird besonders augenfällig, wenn man die Vorgänge von Abbildung 6 jeweils über eine ganze Lichtschwingung mittelt. Das ergibt Bildfolgen wie in Abbildung 8. Ginge alles nach der linearen Optik vor sich, müßten alle Bilder 8 b–f mit der Zigarre in 8 a identisch sein. Der Unterschied basiert auf der Verschiedenheit der Elektronenbahnen der Abbildungen 1 und 2. In Richtung quer zum Laserpuls herrscht hohe Symmetrie; entsprechend gesittet läuft die Bewegung in y-Richtung ab, wie der Vergleich von Abbildung 9 mit Abbildung 8 zeigt.

Kehren wir noch einmal zu den Abbildungen 6, 7 und 8 zurück. Rechts der senkrechten Linie bei $x = 0$ herrscht viel Tumult im Bereich positiver Elektronengeschwindigkeiten, während im Bereich negativer Impulse die Szene dort recht ruhig bleibt. Dies läßt darauf schließen, daß das elektromagnetische Feld des Laserpulses an der Festkörperoberfläche über einen Bruchteil einer Wellenlänge auf null abfällt (Skineffekt). Die weitere Auswertung bestätigt dies und bringt auch ans Licht, wie die Elektronen den Laserpuls absorbieren, obwohl sie sich reibungsfrei bewegen und deshalb keine Wärme erzeugen können. Nach der Vorstellung der linearen Optik sollten sie mit der Laserenergie nichts anfangen können und sie vollständig zurückstrahlen.

Es hat etwa acht Jahre gedauert, bis durch die hier beschriebenen relativistischen Vlasov-Rechnungen meine Vermutung rundum bestätigt wurde, daß es eine zweite, «nichtlineare» Absorption gibt. Dieser kollektive Absorptionsmechanismus ist im Prinzip einfach: In einem ausgedehnten Laserfeld hat ein Elektron Gelegenheit, viele Schwingungen zu vollführen. Es nimmt während einer Halbschwingung Energie auf und gibt sie in der nächsten Halbschwingung wieder ab. Aber hier, in der äußerst schmalen Skinschicht, hält sich ein Elektron viel kürzer auf, als eine volle Schwingung des Lasers dauert. Wenn es Energie aufgenommen hat, kann es sie nicht wieder loswerden, weil es die Skinschicht verlassen hat und nach rechts in den vom Laser nicht erfaßten Bereich des Festkörpers hineinfliegt. Die Simulation zeigt noch mehr: Das Absorptionsverhalten ist sehr komplex und keinesfalls linear von der Intensität abhängig. Den Grund hierfür fand Hartmut Ruhl. Bei schrägem Einfall des Lichts, wie in den Abbildungen 5 a und b skizziert, schiebt der Lichtdruck einen gewaltigen Elektronenstrom auf der Oberfläche an. Im Gefolge entsteht ein Magnetfeld von nahezu einem Gigagauß Stärke. Dieses wiederum hemmt den Energietransport der Elektronen in den Festkörper hinein – und damit die Absorption. Keine der zahlreichen PIC-Simulationen hat die hohen Magnetfelder «gesehen» und den entscheidenden Zusammenhang zwischen selbstinduziertem Magnetfeld und Laserlichtabsorption erahnt, geschweige denn nachweisen können.

Aus den obigen Ausführungen hat der Leser hoffentlich den Eindruck gewonnen, daß wir im vorliegenden Fall mit unserer relativistischen Vlasov-Simulation – relativistisch wegen der auf Lichtgeschwindigkeit beschleunigten Elektronen in den elektrischen Feldern – sehr

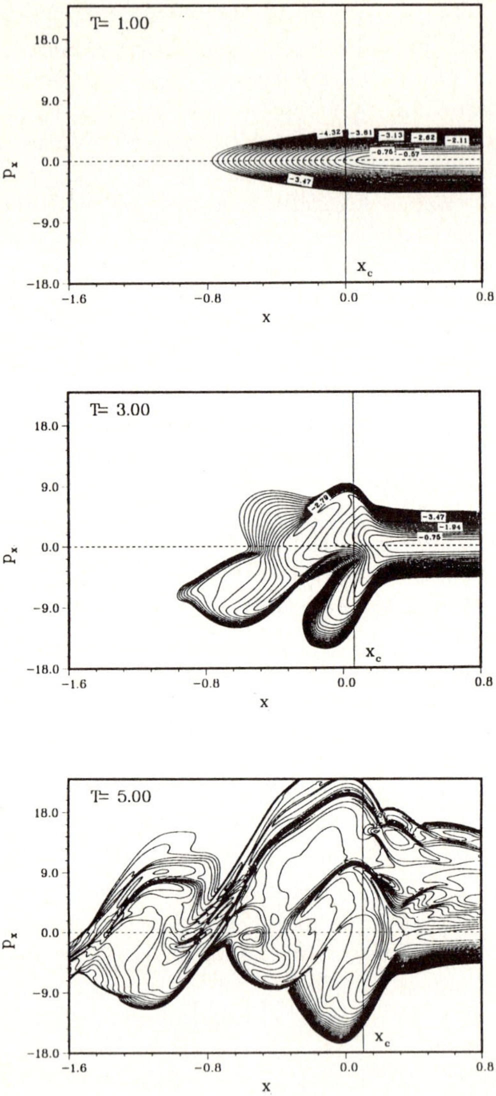

Abb. 8: Über eine Lichtschwingungsperiode gemittelte Verteilungsfunktion $g(x,p_x,t)$ nach 1, 3, 5, 7, 9 bzw. 11 Schwingungen. Man sieht, daß sich im Mittel viele Elektronen im Raum vor der Festkörperoberfläche aufhalten. Nach den

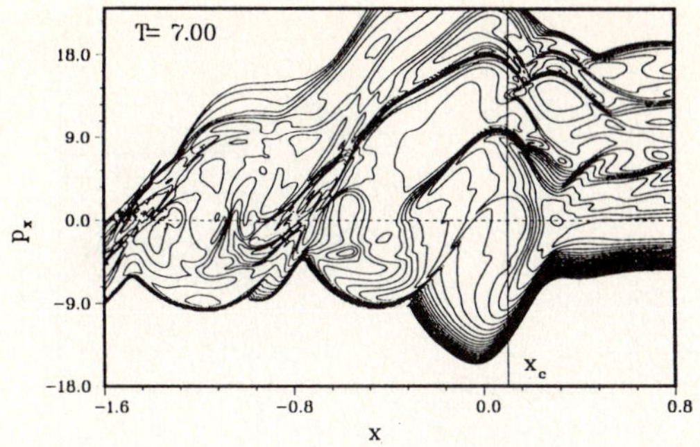

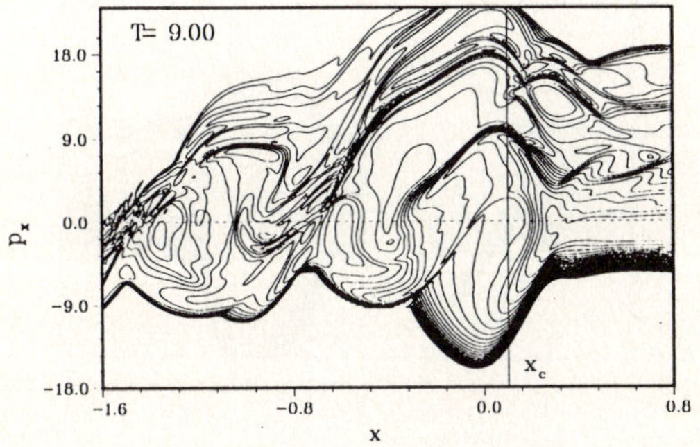

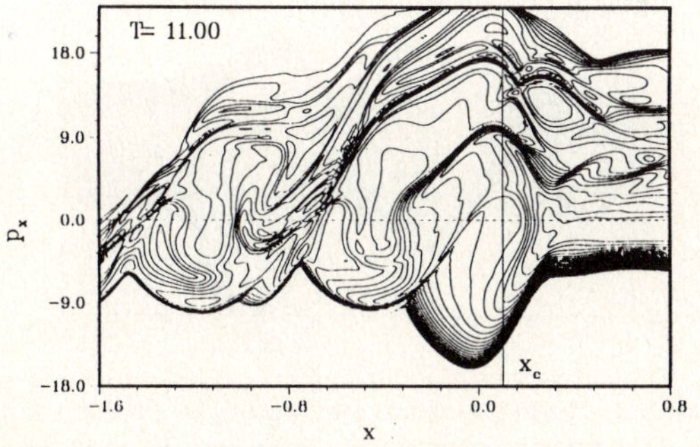

Gesetzen der linearen Optik müßten alle Bilder mit dem ersten identisch sein, das die Elektronen-Impulsverteilung nach genau einer ganzen Lichtschwingung darstellt.

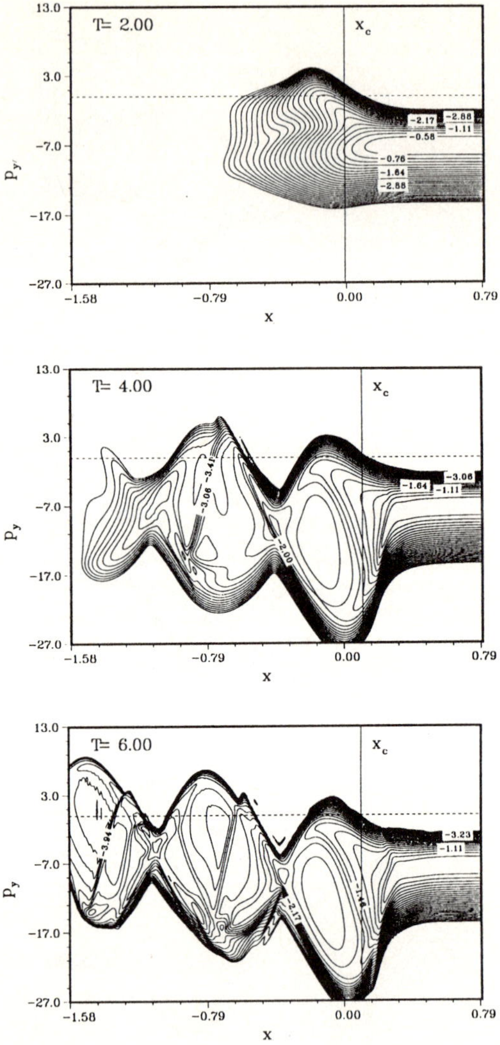

Abb. 9: Periodengemittelte Elektronenbewegung senkrecht zur Ausbreitung des Laserpulses. Diese zeigt wesentlich mehr Regelmäßigkeit als die Dynamik der Elektronen in *x*-Richtung aus Abbildung 8, ist aber ebenfalls nichtlinear. Nach der linearen Optik wären alle Bilder identisch mit dem ersten Bild der vorangehenden Abbildung.

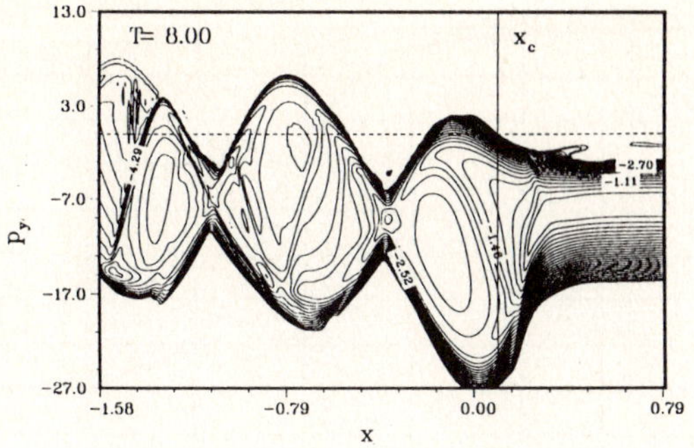
T= 8.00
x_c
13.0
3.0
-7.0
-17.0
-27.0
p_y
-2.70
-1.11
-1.58
-0.79
0.00
0.79
x

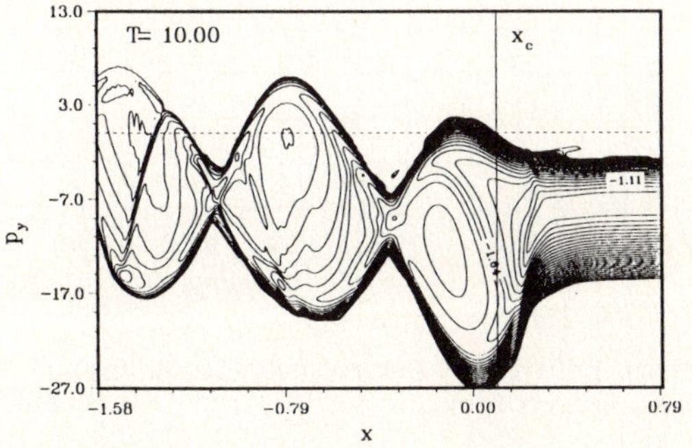
T= 10.00
x_c
13.0
3.0
-7.0
-17.0
-27.0
p_y
-1.11
-1.58
-0.79
0.00
0.79
x

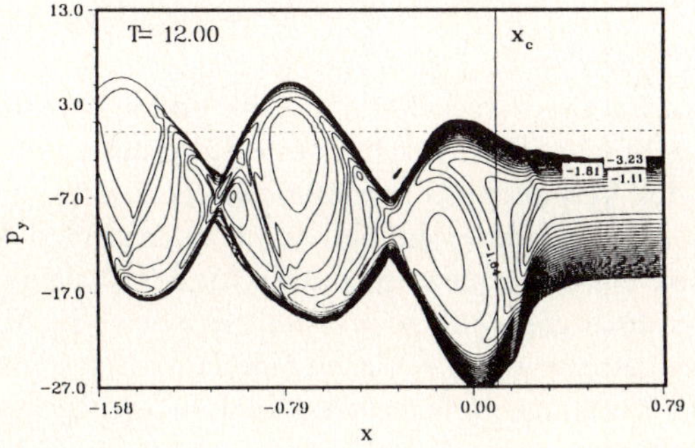
T= 12.00
x_c
13.0
3.0
-7.0
-17.0
-27.0
p_y
-3.23
-1.81
-1.11
-1.58
-0.79
0.00
0.79
x

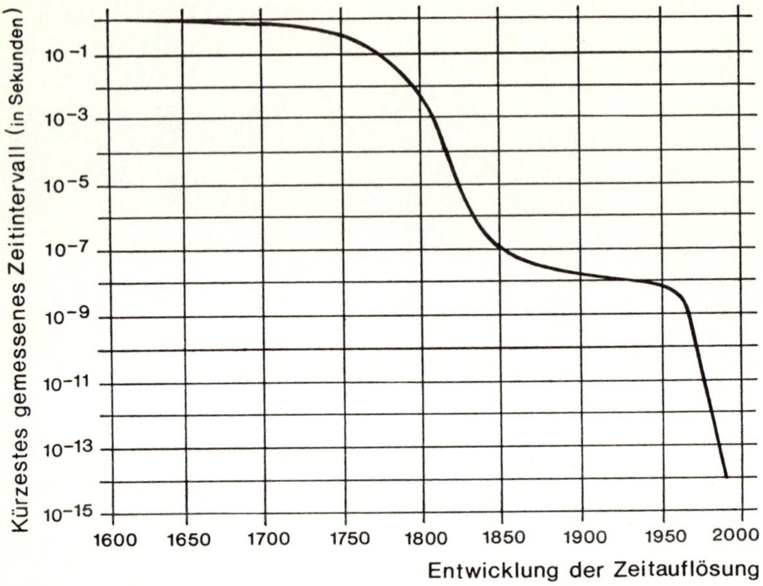

Abb. 10: Kürzestes gemessenes Zeitintervall (Zeitauflösung) im Lauf der Jahrzehnte (nach R. Sauerbrey, Institut für Optik und Quantenelektronik, Universität Jena)

erfolgreich waren. Die Entscheidung für die Vlasov-Methode hat den Durchbruch gebracht. Natürlich hat das PIC-Verfahren, das heißt die Berechnung des Verhaltens von Materie unter Einwirkung äußerer Kräfte durch Mittelung über die Bewegung einer großen Anzahl von Teilchen (bis zu einigen Millionen), auch seine Berechtigung und seine Vorzüge, aber auch ganz klar seine Grenzen, wie es im Vergleich zu Vlasov zutage getreten ist. Die Vlasov-Simulation hat ein sehr detailliertes Bild der Vorgänge im Femtosekundentakt erzeugt, wahrscheinlich viel detaillierter, als es durch Experimente je möglich sein wird, obwohl gerade im Experimentellen in letzter Zeit bezüglich der Zeitauflösung große Fortschritte erzielt wurden (vgl. Abb. 10). Eine gute Simulation wirkt enorm befruchtend auf das Experiment. Rückwirkend führen gute Experimente zu Verfeinerungen in der Modellierung.

Die Computersimulation hat mittlerweile alle Gebiete der Naturwissenschaft und der Technik erfaßt und ist in manchen Bereichen so gut, daß man auf das Experiment verzichten kann. In manchen anderen Bereichen ist sie der einzige Zugang zur Erfassung genauer Abläufe, weil entsprechende Experimente nicht durchgeführt werden können, zum Beispiel in der Kosmologie (Urknall, Entwicklung von Galaxien, Sternentwicklung). Im vorliegenden Fall der ultrakurzen Lichtimpulse sind wir noch nicht so weit. Hier werden verfeinerte (und teure) Experimente noch manchen neuen Aspekt der Wechselwirkung zutage fördern, an den der Modellierer einfach nicht gedacht hat oder der wegen des rechnerischen Aufwands zur Zeit noch nicht mit einbezogen werden kann.

Literatur

Gibbon, P.: Efficient Production of Fast Electrons from fs Laser Interaction with Solid Targets, *Phys. Rev. Letters* 73 (1994), S. 664

Joshi, S. C.; Corkum, P. B.: Interactions of Ultra-Intense Laser Light with Matter, *Physics Today*, Januar 1995, S. 36

Mulser, P.: *High Power Laser-Matter Interaction*, Springer, Heidelberg 1995, Kapitel VI (in Vorbereitung)

Wilks, S. C.; Kruer, W. L.; Tabak, M.; Langton, A. B.: Absorption of Ultra-Intense Laser Pulses, *Phys. Rev. Letters* 69 (1992), S. 1383

Norbert Untersteiner

Theorien, Experimente und der Computer in den Erdwissenschaften

Die Geophysik beruht nahezu ausschließlich auf empirischen Beobachtungen und kann sich in deren Interpretation allen fundamentalen Wissens aus der Physik, Chemie und Mathematik bedienen. Sie hat andererseits den Nachteil, dieses fundamentale Wissen auf ein enorm komplexes System anwenden zu müssen. Die Geschichte der Physik ist voll von jenen bewundernswerten Theorien, die wie plötzlich eingeschaltete Flutlichter ein Gewirr von Einzelheiten in klarem Licht erscheinen ließen, wie etwa Newtons Mechanik, Boltzmanns kinetische Gastheorie oder Schrödingers Wellenmechanik. Im System Erde ereignet sich eine ungeheure Zahl von ineinander verzahnten Einzelprozessen gleichzeitig, so daß zusammenfassende und vereinfachende Ideen in der Entwicklung unserer Wissenschaft nur selten zu finden sind. Unsere gedanklichen Strukturen gleichen eher einem Gemüsegarten als einem Baum.

Als Illustrationsbeispiele greife ich drei der folgenreichsten geophysikalischen Theorien des letzten Jahrhunderts heraus:

Die Theorie der Kontinentaldrift

Wie schwierig es in der Geophysik selbst für eine völlig einleuchtende und nahezu a priori überzeugende Theorie sein kann, sich durchzusetzen, läßt sich am Schicksal der Theorie der Kontinentalverschiebung miterleben.

Alfred Wegeners Idee, die beiden Amerikas, Europa und Afrika geologisch rückblickend zusammenzuschieben, war zunächst rein intuitiv und entstand nach seiner eigenen Darstellung einfach beim Anblick einer Landkarte. Der erste Aufsatz darüber erschien 1912 in *Petermanns Mitteilungen*, und er entfesselte eine wissenschaftliche Kontroverse, die nahezu ein halbes Jahrhundert andauerte. Nach dem Ende des Ersten Weltkriegs folgte eine weltweite Flut von Publikationen in all den Disziplinen, die von so tiefgreifenden Ereignissen wie der Spaltung von Kontinenten betroffen waren. Eine Abstimmung hätte wahrscheinlich ergeben, daß die Gegner der Theorie die Oberhand hatten. Man muß leider sagen, daß unter ihnen Gelehrte waren, die Wegener eine (im nachhinein) so einleuchtende Theorie einfach mißgönnten. Interessanterweise waren die Geologen und Paläontologen eher im Lager der Gegner und die Geophysiker, mit einigen wichtigen Ausnahmen, eher im Lager der Befürworter. Wegener starb 1930 nur fünfzigjährig auf seiner Grönland-Expedition. (Um die allgemein akzeptierte Bestätigung seiner Theorie zu erleben, hätte er allerdings sehr alt werden müssen.) Eine der wissenschaftlichen Hauptaufgaben dieser Expedition war es, mit möglichst genauen Messungen der geographischen Länge (samt Wiederholungen in nachfolgenden Jahren) eine Westdrift Grönlands nachzuweisen. Noch während der Drucklegung von Wegeners Buch *Die Entstehung der Kontinente und Ozeane* erschien 1928 im *Astronomical Journal* ein Aufsatz, in dem berichtet wurde, daß nach astronomischen Messungen der Abstand zwischen Nordamerika und Europa zwischen 1913 und 1927 um etwa vier Meter zugenommen habe. Der seltsame – man ist versucht zu sagen tragische – Grund für die hartnäckige Ablehnung der Verschiebungstheorie war ausgerechnet der Eifer der wohlgesinnten Geophysiker. Trotz allen unterstützenden Beweismaterials für die Theorie konnten weder Wegener noch die anderen Geophysiker jene ursächliche Kraft finden, welche die Verschiebung treiben sollte. Bei dieser Suche wurden an den Haaren herbeigezogene Kräfte konstruiert, die dann einer ernstlichen Prüfung nicht standhielten und im Endeffekt mithalfen, den Wert des gesicherten Beweismaterials zu mindern.

Eine Studie von A. Holmes (1931), in welcher er die Möglichkeit einer Art Zirkulation im Erdmantel infolge ungleichmäßiger Erhitzung durch Radioaktivität postuliert hatte, fand wenig Beachtung. In den Jahren um 1955 bis 1960 zeigten Messungen (vorwiegend zu militärischen Zwecken) die seltsam streifenförmige Anordnung der Magnetisierung in der Mitte des Atlantischen Ozeans. Selbst danach dauerte es noch einige Jahre, bis Vine und Matthews (1963) die magnetischen Streifen ursächlich mit den Umkehrungen des Erdfelds alle 150 bis 300 Jahrtausende und mit der Ausdehnung des Meeresbodens in Verbindung brachten.

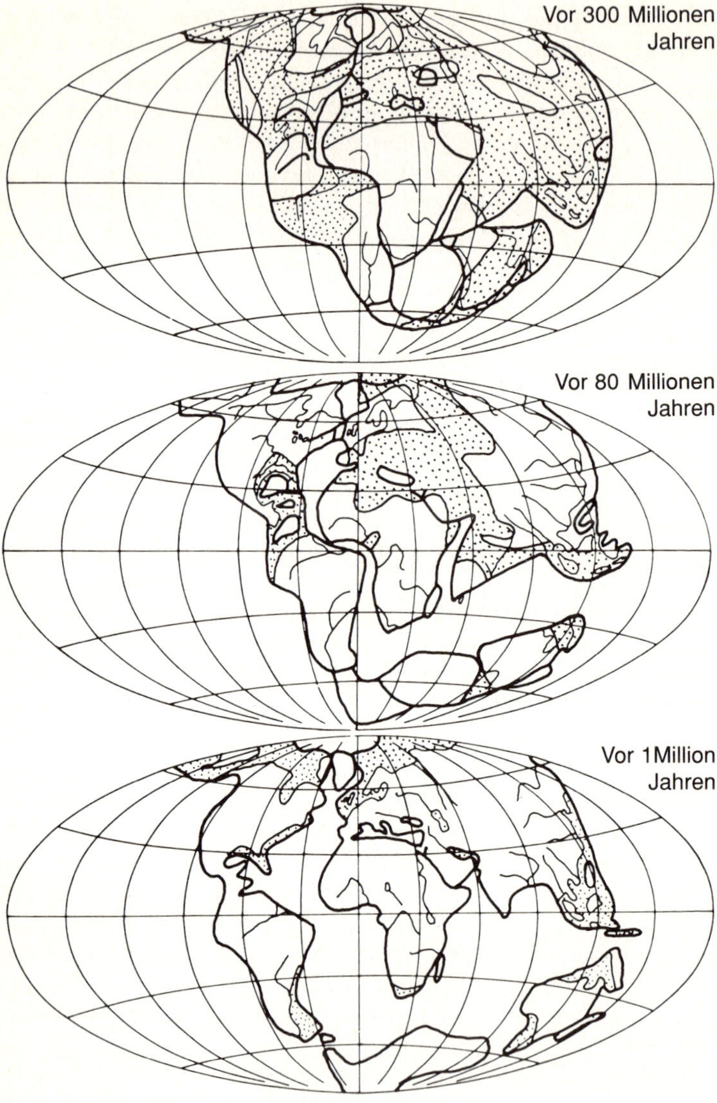

Abb. 1: Die Kontinente in drei geologischen Epochen (nach der Kontinentalverschiebungstheorie von A. Wegener)

A

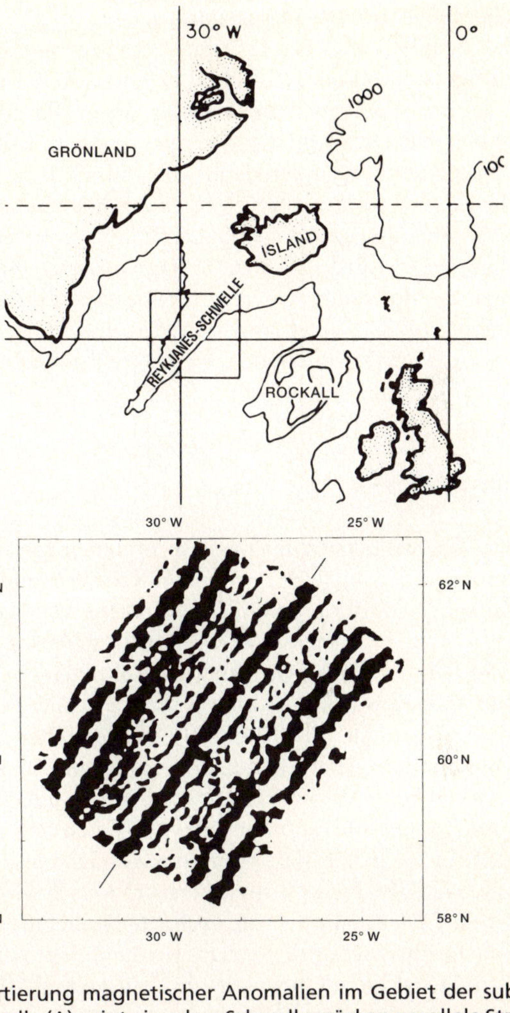

B

Abb. 2: Die Kartierung magnetischer Anomalien im Gebiet der submarinen Reykjanes-Schwelle (A) zeigt eine dem Schwellenrücken parallele Streifung in der Magnetisierung des Oberflächengesteins (B), die abwechselnd stärker und schwächer ist, als das regionale Erdfeld (Vine und Matthews 1963). Die erste Deutung solcher Phänomene als die Folge der Bildung neuen Krustenmaterials, das heißt als Ausdehnung des Meeresbodens, wurde von Hess vorgeschlagen und weithin als Beendigung der Kontroverse um die Kontinentaldrift angesehen.

In rascher Folge entwickelte sich daraus das heutige, auf einheitlicher Basis ruhende Bild der großen Kontinentalplatten und ihrer Bewegungen, der alten (zum Beispiel Ural) und neuen (zum Beispiel Himalaya) Gebirge, der Erdbebenzonen und Tiefseegräben. Amerika und Europa entfernen sich in der Tat voneinander, nur etwa zehnmal langsamer, als man 1928 geglaubt hatte, nämlich drei bis fünf Zentimeter pro Jahr.

Die Theorie der Kontinentalverschiebung hat uns in ihren Konsequenzen ein innerlich zusammenhängendes Bild von der Struktur und Entwicklung unserer Erde gegeben. In ihren weiteren Folgerungen gibt sie uns sogar die Hoffnung, schwere Erdbeben mit hinreichender Wahrscheinlichkeit vorauszusagen und – bei extrem optimistischer Auslegung – sie sogar durch Einpumpen von geotektonischen «Schmiermitteln» zu entschärfen.

Der Treibhauseffekt

Eine andere Theorie betrifft den heute so aktuellen Treibhauseffekt der Atmosphäre. Es wird nicht oft erwähnt, daß der berühmte französische Mathematiker J. Fourier schon 1827 den Gedanken verfocht, die Atmosphäre verhalte sich wie das Dach eines Glashauses, das die hellen Strahlen der Sonne zwar herein-, aber die «dunklen» Strahlen des Bodens nicht hinauslasse. Im Jahr 1895 präsentierte dann der große Chemiker Svante Arrhenius der Königlich Schwedischen Akademie der Wissenschaften seine grundlegende diesbezügliche Theorie. In mühsamer Kleinarbeit hatte er die damals schwer zugänglichen Daten der monatlichen Temperaturmittel und der absoluten und relativen Luftfeuchtigkeit für die ganze Welt zusammengetragen und definierte damit eine globale Gleichgewichtstemperatur. So wie wir das heute mit dem «double CO_2 scenario» tun, rechnete Arrhenius dann aus, um wieviel sich die durchschnittliche Temperatur ändern würde, wenn der Kohlendioxidgehalt der Atmosphäre auf das Anderthalb-, Zwei- oder Dreifache anstiege.

Der Grund für dieses arbeitsreiche Unternehmen war der bereits damals bekannte Umstand, daß während des Tertiärs die gesamte Erde wärmer und im wesentlichen eisfrei gewesen sein muß und daß sich die Welt nach einer kälteren Epoche mit großen Vergletscherungen – dem Quartär – wieder teilweise erwärmt hatte. Nicht nur die sichtbaren

Spuren dieser klimatischen Schwankungen waren damals wohlbekannt (Fossilien, U-Täler, Moränen, Gletscherseen, Findlingsblöcke etc.), sondern man wußte auch von der isostatischen Hebung des baltischen Nordeuropa nach seiner Entlastung vom Gewicht der letzten großen Vergletscherung (Würm), die vor etwa 20000 Jahren ihren Höhepunkt erreicht hatte. Diese klimatischen Veränderungen bildeten einen außerordentlichen Anreiz für Spekulationen über ihre Ursachen, und es gibt aus dieser Zeit zahlreiche Studien, die neben dem Weizen allerdings auch viel Spreu enthielten.

Arrhenius stellte sich die Frage, um wieviel der CO_2-Gehalt zunehmen müßte, um die Welttemperatur um acht bis neun Grad – auf das Niveau des Tertiärs – anzuheben. Er erkannte klar, daß Vulkane und Vermoderung organischen Materials CO_2-Quellen sind und daß Photosynthese und Verwitterung das CO_2 in der Atmosphäre reduzieren. Auch die Rolle des Weltmeers im irdischen CO_2-Haushalt war ihm prinzipiell bekannt, nur irrte er mit der Annahme, daß das Meer im wesentlichen mit CO_2 gesättigt sei. Heute wissen wir, daß die Ozeane anthropogenen Kohlenstoff aufnehmen.

Aus Schätzungen des Karbonatgehalts aller Flüsse und einer Reihe von anderen Schätzungen chemischer Umsätze kam Arrhenius zu dem Schluß, daß der natürliche wie auch der anthropogene Umsatz an Kohlenstoff nicht ausreicht, um Änderungen des Klimas hervorzubringen. Arrhenius konnte den enormen Anstieg der Verbrennung von Kohlenwasserstoffen durch unsere Autos nicht vorausahnen und hat daher den Anteil des anthropogenen Kohlendioxids unterschätzt (ebenso wie andere gasförmige Spurenbestandteile, die wir heute als wichtige Treibhausgase mitberücksichtigen müssen).

Wenn auch der Komplex des globalen Kohlenstoffhaushalts noch manch ungeklärten Punkt enthält, so steht zweifelsfrei fest, daß die CO_2-Konzentration in der Atmosphäre zunimmt und daß diese Zunahme den Treibhauseffekt verstärkt. Die methodischen Fortschritte der analytischen Chemie stellen uns inzwischen vor die Aufgabe, ein schier unübersehbares Netz von chemischen Reaktionen zu entwirren, die alle – zumindest potentiell – einen klimatischen Effekt haben: Frigene und die Ozonzerstörung; schwefelhaltige Abgase und saurer Regen; Dimethylsulfid und seine Fähigkeit, Wolkentröpfchen kleiner und die Wolken heller zu machen; Stickoxide aus den Autos und Methan aus den Mägen der Rinder als zusätzliche Treibhausgase; weißes

Schwefeloxid-Aerosol und sein Reflexionsvermögen als Anti-Treibhaus-Effekt... Einfache Extrapolation macht es wahrscheinlich, daß uns noch mehr chemische Überraschungen dieser Art bevorstehen.

Daraus ergeben sich unter anderen die Fragen: Wie stark werden die Effekte und ihre geographische Verteilung sein? Wo werden sie Vorteile und wo Nachteile bringen? Welche Aussicht besteht, diese Entwicklungen nicht nur vorherzusagen, sondern auch durch sinnvolle Wirtschaftsplanung und politisch realistische Verträge zu beeinflussen?

Die astronomische Klimatheorie

Als drittes Beispiel sei die astronomische Klimatheorie des serbischen Mathematikers Milutin Milanković erwähnt. Der Gedanke, daß Klimaänderungen von Schwankungen im geometrischen Verhältnis zwischen Erde und Sonne verursacht werden könnten, geht auf die Mitte des 19. Jahrhunderts und den französischen Mathematiker Adhemar zurück. Auf Newtons Mechanik aufbauend, hatte d'Alembert bereits 1742 die 22000jährige Periode der Perihelwanderung berechnet. Adhemar konstruierte daraus eine Theorie periodischer Eiszeiten, die nachfolgend von dem schottischen Geologen Croll mit weiteren Details versehen wurde. Trotz ihrer teilweise erstaunlichen und einleuchtenden Erklärungen (zum Beispiel einer klaren Formulierung des Rückkopplungs- oder Feedback-Effekts) enthielt die Theorie von Croll innere Ungereimtheiten und widersprach geologischen Tatsachen, so daß sie am Ende des Jahrhunderts mehr oder weniger vergessen war.

Nach Abschluß seines Ingenieurstudiums an der Wiener Technischen Hochschule im Jahr 1904 arbeitete Milanković zunächst als Statiker in Wien und wandte sich erst 1909, nach seiner Anstellung an der Universität Belgrad, der angewandten Mathematik und Physik und insbesondere der Himmelsmechanik zu. Trotz Balkankrieg (1912), Weltkrieg (1914), Kriegsgefangenschaft und Deportation nach Budapest verfolgte er seine astronomischen Berechnungen mit fanatischer Hingabe und publizierte, nach Ende des Krieges wieder in Belgrad, im Jahr 1920 seine *Theorie mathematique des phenomenes thermiques produits per la radiation solaire*, die es ermöglichte, die solare Einstrahlung für jeden Breitenkreis und jede Jahreszeit zu berechnen.

Auf Anregung des großen Hamburger Klimatologen Wladimir Köppen (Schwiegervater Alfred Wegeners) unternahm Milanković nun die herkulische Arbeit, die Schwankungen aller wesentlichen Erdbahnelemente zu berechnen, deren Ergebnisse er 1930 in Köppens und Geigers *Handbuch der Klimatologie* unter dem Titel Mathematische Klimalehre und astronomische Theorie der Klimaschwankungen publizierte. Die Arbeit enthält Berechnungen, die bis zu 650 000 Jahre in die Vergangenheit reichen. Bis zu seinem Tod 1958 blieb die Theorie von Milanković Gegenstand intensiver Debatten und Ursache eines anhaltenden Stroms von Publikationen.

Die Theorie selbst macht Aussagen über Schwankungen der auf die Erde einfallenden Sonnenstrahlung. Diese errechnen sich aus (1) Schwankungen der Exzentrizität, das heißt dem Achsenverhältnis der elliptischen Bahn der Erde um die Sonne (Ekliptik), (2) Schwankungen des Winkels zwischen der Ebene des Erdäquators und der Ekliptik und (3) der Perihelwanderung, das heißt der Änderung jener terrestrischen Jahreszeit, in der die Erde der Sonne am nächsten steht. Die von diesen astronomischen Schwankungen verursachten Klimaänderungen haben Perioden von zirka 100 000, 40 000 und 20 000 Jahren und lassen sich nicht nur zurück-, sondern auch vorausberechnen. Allerdings wurden in der Folgezeit mehr und mehr paläoklimatische und stratigraphische Beobachtungen gemacht, die der Theorie von Milanković zu widersprechen schienen. Aber ein großangelegtes Unternehmen namens Climate Long Range Investigations Mapping and Predictions (CLIMAP) sammelte weltweit eine große Zahl von Bohrkernen aus dem Meeresboden und analysierte diese mit den inzwischen hochentwickelten Methoden zur Messung der Paläotemperaturen und anderer Parameter. Das Resultat war eine überwältigende Bestätigung der Ideen von Milanković. Mehrere Forscher haben seine Rechnungen seither nachvollzogen, genauer, schneller und für längere Zeitspannen, aber immer ergab sich eine Frequenzverteilung wie in Abbildung 3.

Sie gibt uns eine Frage auf, die bis heute nur vage beantwortet werden kann: Nach dem Bestrahlungs-Kanon von Milanković sollten die Amplituden der Perioden mit 20 000 und 40 000 Jahren groß und jene mit 100 000 Jahren klein sein. Die Paläotemperaturen zeigen genau das Gegenteil: Die 100 000er-Welle hat die bei weitem größte Amplitude.

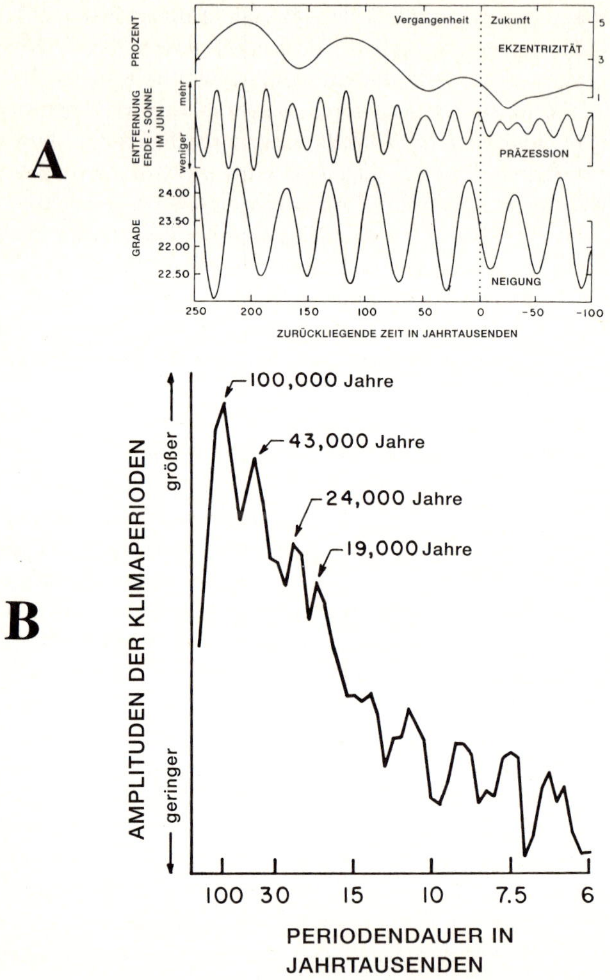

Abb. 3: Die ungeklärte Diskrepanz zwischen den Klima-Amplituden nach der astronomischen Theorie und nach Isotopenanalysen in Bohrkernen aus dem Indischen Ozean. (A) Bestrahlungs-Kanon der Erde nach Milanković, neu berechnet von Berger (1977). (B) Amplitudenspektrum der aus Bohrkernen erschlossenen Klimaperioden (nach Hays et al. 1976)

Wir können hier nur ins Treffen führen, daß ein System von der Komplexität der Erde keineswegs linear und verzugsfrei auf einen Wandel der äußeren Einwirkungen reagieren kann. Über die Zeiträume der genannten Klimaperioden verschieben sich Vegetationszonen; Änderungen der Tiefenzirkulation des Meeres beeinflussen sowohl das Klima als auch die Biologie und Chemie des Meeres; der Aufund Abbau von Gletschern, gepaart mit den dazugehörigen Schwankungen des Meeresspiegels, ändert nicht nur die Topographie der Welt und damit die Zirkulation, sondern vielleicht auch die Zusammensetzung der Atmosphäre. Wir werden diese Vorgänge nicht nur verstehen, sondern auch prognostizieren müssen, wenn wir mit der zunehmenden ökologischen Belastung der Erde fertig werden wollen.

Experimente

Die in den Naturwissenschaften übliche Methode, eine Theorie mit Hilfe von Experimenten zu prüfen, spielt in den Erdwissenschaften begreiflicherweise eine untergeordnete Rolle. Wir analysieren die Bestandteile der Erde (Gesteine, Luft, Wasser etc.), und wir untersuchen ihr physikalisches und chemisches Verhalten im Labor, aber für Experimente im strengen Sinn des Wortes, also kontrollierte und wiederholbare Abläufe von typischen «Geo-Phänomenen», sind unsere Laboratorien zu klein und zu einfach. Unsere Experimente «geschehen», und wir versuchen, durch möglichst klug und effizient angelegte Beobachtungen das Prinzipielle aus dem herauszudestillieren, was uns die Natur vorexerziert.

Es gibt eine große Zahl von Prozessen, die erfolgreich kleinskalig im Labor simuliert werden können, wie zum Beispiel die Frigen-Ozon-Chemie in einer Pseudo-Stratosphäre, die Fließgesetze von Erdmaterialien, Regenmacherei mit Silberjodid, Wellen- und Turbulenzeffekte im Windkanal, das Strahlungs- und Temperaturverhalten durchlässiger Medien, Wachstum von Wolkentröpfchen oder die elektrische Ladungstrennung in simulierten oder echten Gewitterwolken. An wirklich «globalen» Experimenten bieten sich nur zwei Beispiele an:

Mit Hilfe der «Terrella», einer elektrisch magnetisierten Stahlkugel, die in einem hochverdünnten Gas aufgehängt und von Kathodenstrahlen beschossen wurde, gelang es Birkeland 1902, eine Aurora borealis naturähnlich im Labor zu erzeugen. Verteilungen auf der Erdkugel in Abhängigkeit von der Magnetisierung befähigten kurz darauf Störmer, eine weitgehend einheitliche Theorie der Polarlichter zu entwickeln.

Weitere makroskalige Experimente sind die von Fultz 1951 entwikkelten Versuche mit rotierenden Flüssigkeitsschalen. Die Atmosphäre wird durch eine runde Flüssigkeitsplatte simuliert, die im Zentrum (Polargebiet) gekühlt und an der Peripherie (Tropenzone) erwärmt wird. Die ablenkende Kraft der Erdrotation (Coriolis-Kraft) wird durch Rotation des «Suppentellers» imitiert.

Zu ihrer Zeit, von etwa 1950 bis 1980, waren diese Nachbildungen von Zirkulationsvorgängen qualitativ aufschlußreich oder zumindest illustrativ. Am Computer kann man inzwischen dieselben Vorgänge mit größerer Schnelligkeit, Genauigkeit und Flexibilität simulieren.

Mit den modernen Computern geht überhaupt ein Bedeutungswandel des Wortes Experiment einher: Wir machen «(numerische) Experimente», wenn wir gewisse Vorgänge in ein Gleichungssystem übertragen, dieses dann ausrechnen und das Resultat mit der Wirklichkeit vergleichen.

Manche der heutigen Wissenschaftler haben für ihre Dissertationen noch Rechenschieber und handgekurbelte Addiermaschinen verwendet. Was sich in der kurzen dazwischenliegenden Zeit auf dem Gebiet des numerischen Rechnens ereignet hat, ist aus Abbildung 7 zu ersehen: Die schnellsten Maschinen vollbringen rund fünf Milliarden Rechenoperationen pro Sekunde.

Die Bedeutung dieser Entwicklung für unsere Zivilisation ist unabsehbar und beschäftigt nicht nur alle Sparten der Natur- und Wirtschaftswissenschaften, sondern auch Politiker und Philosophen. Der Inhalt von jahrhundertelang mühsam zusammengetragenen Datensammlungen rast in Sekundenschnelle über unsere Bildschirme, und wir sind nicht sicher, ob dieser rasante Umgang mit Informationen nicht auch mit einer Minderung ihres Werts einhergeht.

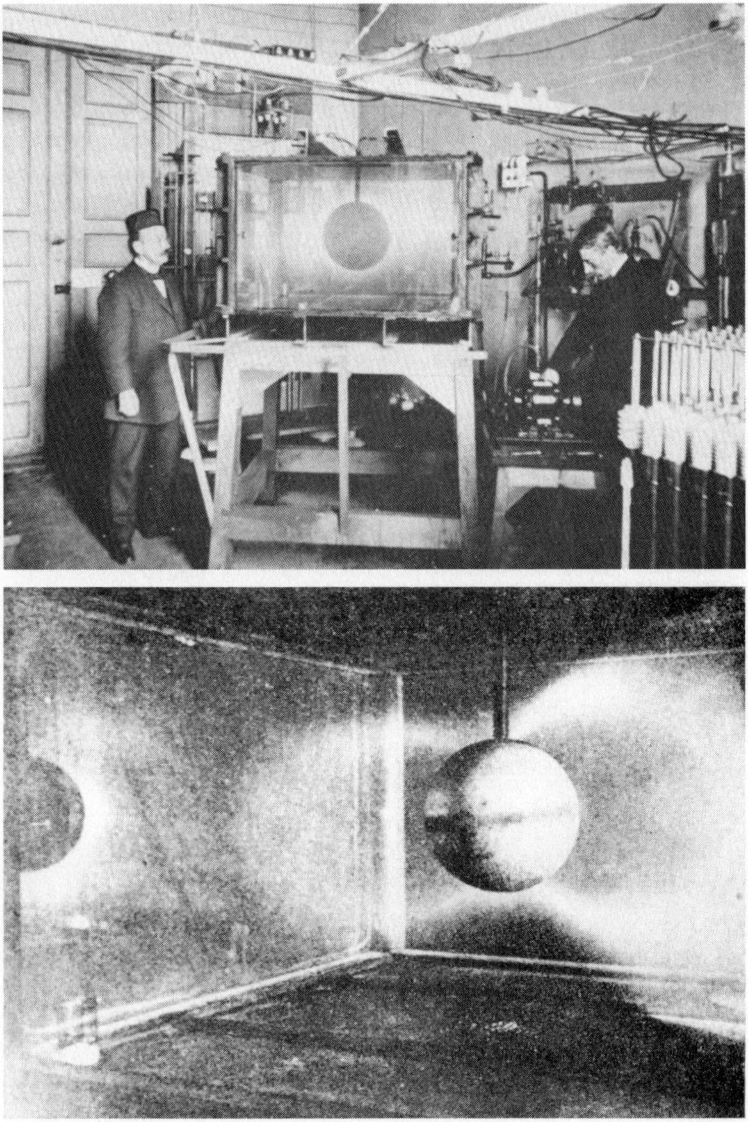

Abb. 4: Birkeland und Tevik mit der Terrella (oben).
Die Terrella in ihrem Gasbehälter (unten).

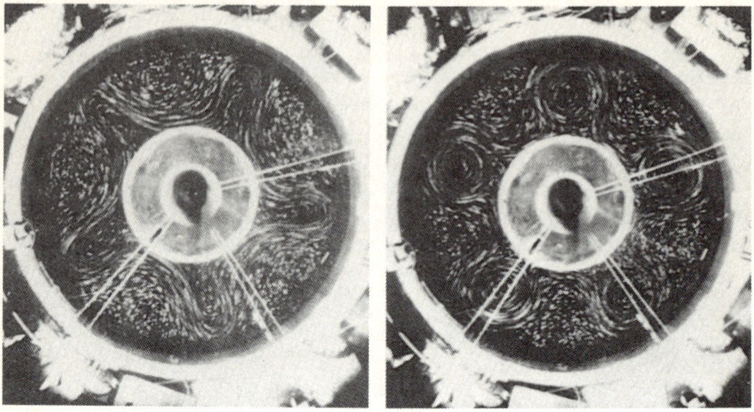

Abb. 5: Simulation der allgemeinen Zirkulation der Atmosphäre in einer rotierenden Schüssel (Fultz 1957; Gedzelman 1994). Die Flüssigkeit wird an der Peripherie (Äquator) erwärmt und in der Mitte (Pol) gekühlt. Das linke Bild zeigt die typischen planetarischen Wellen im *jet stream*. Nach vier Rotationen sind die Wellen zu geschlossenen Wirbeln geworden (rechts). Bei fortgesetzter Rotation wechselt die Strömung zwischen beiden Zuständen (ähnlich dem Chaos-Verhalten).

Satelliten und Datenverarbeitung

Die heutigen Satelliten senden uns wertvolle Daten, die fast jeder Mensch täglich am Fernsehschirm zu sehen bekommt. Der Blick aus Satellitenhöhe auf die Erde liefert uns nicht nur direkt verwertbare Informationen über herannahende Naturgewalten wie Hurrikane, vulkanische Staubwolken oder Überschwemmungen; er hat uns vielleicht auch ein tieferes Verständnis für die Einheit unserer Welt gegeben. Dieser Blick wurde durch die erstaunlichen Erfolge der Fernerkundungstechnik möglich. Der enorme Anfall von Beobachtungsdaten hat aber gleichzeitig den Zentren für Datenverarbeitung und den Archiven große Lasten aufgebürdet.

Die elektromagnetischen Eigenschaften natürlicher Substanzen (Wolken, Wasser, Schnee, Eis, Erdreich, Vegetation) sind zum Teil so kompliziert und variabel, daß erhebliche Summen dafür ausgegeben werden müssen, zu erforschen, was die Fernerkundungsinstrumente messen und wie genau ihre Messungen sind. Manche von ihnen liefern Signale, die ohne Computer überhaupt nicht in interpretierbare Form übersetzt werden können. Der Prototyp hierfür ist das *synthetic aperture radar* (SAR). Ein solches Instrument fliegt mit dem europäischen ERS-1-Satelliten. Eine Bodenstation in Fairbanks, Alaska, empfängt die SAR-Signale zehn Minuten pro Tag, während derer der Satellit über die Arktis fliegt. In diesen zehn Minuten speichert die Bodenstation je nach Bedarf 1 bis 10 Gigabyte Daten, die dann mit Hilfe eines Hochleistungscomputers in Bilder verwandelt werden, die die elektromagnetische Beschaffenheit des Eises in Sektoren von 100 mal 100 Kilometer Größe zeigen. Es liegt in der Natur solcher systematischer Aktivitäten, daß von diesen Daten nur ein winziger Bruchteil einen unmittelbaren Interessenten findet. Ob der große Rest je einem nützlichen Zweck dienen wird, läßt sich in vielen Fällen nicht voraussehen.

Alljährlich regnen schätzungsweise 2 Petabyte (2×10^{15} Byte) an fernerkundeten Daten von Satelliten auf die Erde nieder. Ob sich dieser Aufwand rentiert und ob es die «richtigen» Petabyte sind, gehört zu den vielen Fragen, die das Zeitalter der Computer aufgeworfen hat.

Wetterprognose

Die Wetterkunde ist stets unter den Hauptabnehmern für die neusten und schnellsten Rechner gewesen, die selbst für «einfache» Aufgaben wie die Vorausberechnung des Wetters für den nächsten Tag unabdingbar sind. Um die Komplexität des Systems Atmosphäre vor Augen zu führen, erlaube ich mir ein etwas ungenaues, aber einfaches Gedankenexperiment: Zwei Luftsäulen, zehn Kilometer voneinander entfernt, werden sicherlich physikalisch wechselwirken. Wenn sie hundert Kilometer weit auseinander sind, gilt das vielleicht auch noch, aber bei tausend Kilometer Distanz sicher nicht mehr. Über den Erdball extrapoliert bedeutet dies, daß unsere Atmosphäre zwei- bis dreihundert

Freiheitsgrade besitzt, das heißt zwei- bis dreihundert Luftsäulen können sich weitgehend unabhängig voneinander verhalten.

Die prinzipielle Möglichkeit, die entsprechenden (und sehr zahlreichen) Gleichungen durchzurechnen, inspirierte L. F. Richardson schon 1920 zu einer oft zitierten Phantasie (Ashford, 1985): In einem riesigen Amphitheater sitzen Zigtausende von Menschen mit kleinen mechanischen Handrechnern und rechnen in fieberhafter Eile die Raum- und Zeitschritte der Gleichungen aus, während Boten ständig mit Resultaten von einem zum anderen rasen und eine Art Dirigent den Fortgang der Zeit markiert und für die Einhaltung der Rand- und Kontinuitätsbedingungen sorgt.

Dieser Traum ist dank der Computer schon um die Mitte dieses Jahrhunderts Wirklichkeit geworden, und heute erstellen das Europäische Zentrum für mittelfristige Prognosen in Reading (England) und andere Wetterzentren routinemäßig Prognosen für mehrere Tage. Diesen Prognosen ist jedoch schon durch die unvermeidbare Ungenauigkeit, mit der wir den Anfangszustand beschreiben, eine Grenze gesetzt. Jede dieser Ungenauigkeiten in der Definition des Ausgangszustandes pflanzt sich in Form von Fehlern fort, und die Fehlermenge wird schließlich so groß, daß sie die Prognose wertlos macht. Diese Grenze liegt heute bei etwa zehn Tagen und wird sich aus prinzipiellen Gründen wahrscheinlich nicht weiter als bis auf vierzehn Tage ausdehnen lassen.

Besonders erfolgreich waren in den letzten Jahren regionale Modelle der Wetterprognose mit hoher räumlicher Auflösung. Diese Modelle sind besonders geeignet, rasche und gefährliche Entwicklungen, wie zum Beispiel die sogenannten explosiven Zyklogenesen, rechtzeitig zu erkennen.

Klimamodelle

Die Klimatologie, die Lehre vom mittleren Zustand der Atmosphäre, einst eine Unterabteilung der beschreibenden Geographie, hat mit den modernen Großrechnern wieder Anschluß an die quantitativen Wissenschaften und damit eine enorme Revitalisierung erfahren. Die Einsicht, daß es möglich sein sollte, nicht nur den mittleren Zustand der Atmosphäre mit einem mathematischen Modell auszurechnen, sondern auch Schwankungen einigermaßen richtig zu simulieren, entstand etwa in der Dekade von 1960 bis 1970.

Die Erkenntnisse von Lorenz und anderen über Chaos und Seltsame Attraktoren sind der Klimatologie sozusagen auf den Leib geschrieben. Ein System mit vielen Teilprozessen wie das Klimasystem sollte sich im Prinzip chaotisch verhalten, wenn es sich nicht in einem jener Fast-Gleichgewichtszustände befindet, die es manchmal einnimmt. In Zeiträumen von hundert oder zweihundert Jahren, in denen sich unsere Erde im Prinzip nur wenig verändert hat, sehen manche Klimatologen gewisse bevorzugte Zustände der Atmosphäre, ähnlich den Seltsamen Attraktoren, jedoch sind diese Analysen umstritten. Ob man die dramatisch unterschiedlichen Zustände der Erde, wie sie während und zwischen den quartären Vereisungsstadien geherrscht haben, als Seltsame Attraktoren betrachten kann, ist ebenfalls zweifelhaft, denn in den langen Zeiträumen seitdem hat die Erde auf starke äußere Kräfte reagiert und sich daher verändert, so daß ihre innere (möglicherweise chaotische) Dynamik nicht mehr erkennbar ist. Genau das ist es, was die Theorie von Milanković postuliert: eine Klimaänderung durch ausschließlich externe Einflüsse. Die Übereinstimmung von astronomischer Theorie und paläoklimatischen Daten in bezug auf die langfristigen Klimaperioden (wenn auch nicht in bezug auf deren Amplituden) räumt den Berechnungen von Milanković zumindest einen wichtigen Platz ein.

Natürlich ereignen sich auf der Erde noch zahlreiche Prozesse, die, nach räumlichem und zeitlichem Maßstab geordnet, in Abb. 6 dargestellt sind.

Angesichts der Vielfalt dieser Vorgänge wäre es unrealistisch, ein Allzweck-Klimamodell zu erwarten. Selbst drastische Vereinfachungen in der Konstruktion der Teilmodelle führen zu enttäuschend komplizierten und schwer durchschaubaren Resultaten. Ein relativ einfaches Beispiel zeigt Abb. 7:

Auch ohne eine Erläuterung der in diesem Bild symbolisierten physikalischen Vorgänge deutet es die verwirrende, nicht durchschaubare Vielzahl von Effekten an, die vom Ausgangszustand (links oben) zum Endzustand (rechts unten) führen.

Es ist für die Autoren von Klimamodellen nicht leicht, den Wert des Resultats angesichts des Arbeits- und Geldaufwands realistisch einzuschätzen. Leicht werden sie zu Opfern einer als «Modellgläubigkeit»

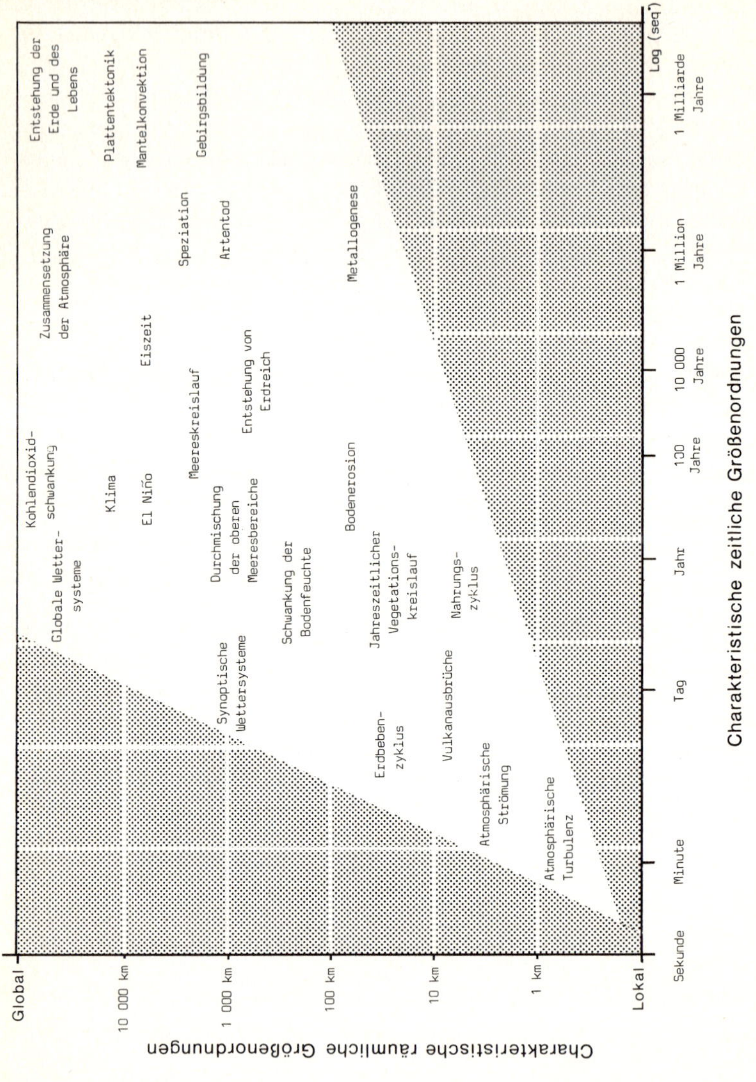

Abb. 6: Charakteristische zeitliche und räumliche Größenordnungen (logarithmisch aufgetragen) einer Auswahl der wichtigsten Prozesse im «System Erde»

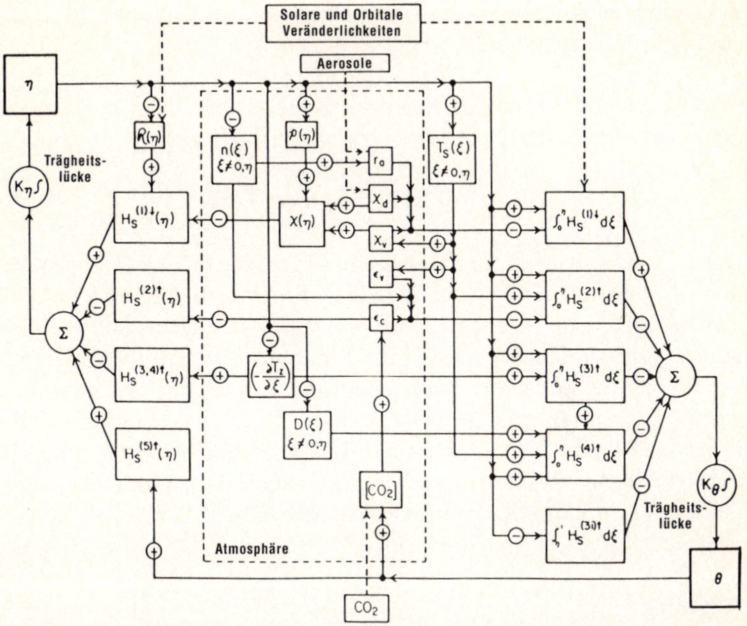

Abb. 7: «Schaltschema» der Einzelprozesse und ihrer Wechselwirkungen in einem eher einfachen Modell (Saltzman und Moritz 1980). Es beschränkt sich im wesentlichen auf die Thermodynamik des Systems (keine Dynamik), und es postuliert eine von Wasser konstanter Tiefe bedeckte Erde ohne zonale Unterschiede. Variabler Kohlendioxidgehalt sowie variable Eisbedeckung und Temperatur der Meere bilden den Gegenstand der Rechnungen.

bekannten Malaise zu werden, die offenbar auch Christian Morgenstern schon gekannt hat:

> Dann legt er stolz den Pinsel hin
> Und sagt: Da steckt viel Arbeit drin.
> Doch damit war es leider aus,
> Die Arbeit kam nicht mehr heraus.

Das U. S. Department of Energy finanziert derzeit ein Unterfangen, bei dem alle existierenden Klimamodelle (heute etwa vierzig) unter analogen Bedingungen durchgerechnet und einer vergleichenden Analyse unterzogen werden. Somit sind die Klimamodelle selbst zum Gegenstand einer Sekundärforschung geworden. In jüngster Zeit geht man daran, diese komplexen Modelle Stück für Stück, das heißt Prozeß für Prozeß, zu «amputieren», bis ein «Spielzeugmodell» *(toy model)* übrigbleibt, dessen Resultate zwar nur noch vage an die Wirklichkeit erinnern, das aber klar und durchsichtig aufgebaut ist.

Ausblick

Nach einer langen Serie von internationalen Großprojekten seit dem höchst erfolgreichen Internationalen Geophysikalischen Jahr 1957/58 müssen wir uns fragen, ob solche Projekte – angesichts oft vager Resultate – weiterhin gerechtfertigt sind oder ob sie uns mehr Kosten und mehr Politik bescheren, als der Wissenschaft zuträglich ist.

Wie reagieren Politik und Wirtschaft auf die wenigen eindeutigen Aussagen, die die Klimaforschung bisher zu bieten hat? Am Beispiel des Fluorchlorkohlenwasserstoffs haben wir gesehen, wie relativ leicht es ist, eine mächtige Industrie legislativ zum Umlenken zu bewegen, sofern die wissenschaftlichen Tatsachen unbestritten sind und bezahlbare Alternativen zur Verfügung stehen.

Eine Anhebung des Lebensstandards in der Dritten Welt ist unweigerlich mit einer steigenden Belastung der Atmosphäre und der Ozeane verbunden. Am Beispiel des Kohlendioxids sehen wir eine entmutigende Konfrontation des wachsenden Umweltbewußtseins in den Industrienationen mit den wirtschaftlichen Interessen der Entwicklungsländer.

Als Wissenschaftler stehen wir unter Erfolgsdruck. Wäre die Zahl von Publikationen ein Maß des Erfolgs, dann könnten wir der Zukunft getrost entgegensehen. Allein im vergangenen Jahr stieg die Zahl der weltweit publizierten Periodika von 140 000 auf 147 000. Nach bibliographischen Schätzungen werden in den Geisteswissenschaften neunzig Prozent der publizierten Artikel niemals zitiert.

Auch in den Erdwissenschaften läuft der Zuwachs an Publikationen ungebremst. Zehn führende Zeitschriften der Ozeanographie, Meteorologie und Geophysik (publiziert in den USA, in Schweden und Großbritannien) erfuhren in den vergangenen dreißig Jahren einen durchschnittlichen Anstieg der Seitenzahl um das Vierfache, ein Anstieg, der sich weder in den Forschungsbudgets noch in der Anzahl der aktiven Wissenschaftler widerspiegelt. Auch hier gibt es beunruhigende Statistiken über die steigende Zahl von Artikeln, die wohl gedruckt, aber von niemandem zitiert werden. Ein Scherzwort nennt eine neue Maßeinheit LPU (*Least Publishable Unit*, kleinste veröffentlichungsfähige Einheit), eine Größe, die allmählich gegen null geht.

Am Beispiel der Physik zeigt sich besonders deutlich, wie schnell phänomenale Erfolge zur Selbstverständlichkeit werden und welcher Vorrang sozialen, politischen oder wirtschaftlichen Erfordernissen eingeräumt werden muß. Nach dem atomaren Paukenschlag, mit dem der Zweite Weltkrieg beendet wurde, und unter dem Eindruck von Atomkraftwerken, Transistoren und Laserstrahlen hat man der allmächtigen Physik noch um 1960 den industriellen Einsatz der Kernfusion zur unerschöpflichen Energiegewinnung vor Ende des Jahrhunderts zugetraut. Drei Jahrzehnte später, enttäuscht von dem langsamen Fortschritt, ernüchtert von der Problematik radioaktiver Deponien und drohender Tschernobyls und besorgt über die Verbreitung von Atomwaffen, schlägt die öffentliche Meinung um. Tausende von Physikern sind stellungslos, und die allgemeine Enttäuschung findet ihren symbolischen Höhepunkt im Baustopp des gigantischen (52 Kilometer Umfang) Elementarteilchen-Beschleunigers in Texas, der uns einen Blick in die letzten Geheimnisse der Mikrowelt versprach.

Man hört in den Ansprachen von Wissenschaftsministern, Akademiepräsidenten und anderen Repräsentanten der Wissenschaft ein Element der Besorgnis, das uns ermahnt, «unser Haus in Ordnung zu bringen» und «Neugier und Spieltrieb auf etwas unbestreitbar Nützliches zu lenken». Frei übersetzt, wir sollen den Gürtel enger schnallen und an die Wirtschaftlichkeit denken. Es gibt kein Land und kein wirtschaftliches System mehr, in dem Wissenschaft ohne Wissenschaftspolitik betrieben werden kann. Vielleicht sind wir versucht, der in unserem Jahrhundert nahezu verschwundenen «reinen» Wissenschaft nachzutrauern, aber man bedenke auch, was David Ruelle, Mathematiker und Mitbegründer der Chaostheorie, in *Physics Today* schreibt: «Die Theorie dynamischer Systeme hat in letzter Zeit wichtige Beiträge zum Verständnis der realen Welt geliefert, insbesondere hinsichtlich der Rolle chaotischer Vorgänge ... aber eine wesentliche Voraussetzung für weiteren Fortschritt ist eine korrekte Einschätzung des Verhältnisses zwischen der Wirklichkeit und unseren Modellen. Oder allgemeiner, die sogenannten Beiträge zur Literatur sind kein Ersatz für die Suche nach Bedeutung und Nützlichkeit.» Die neue Generation von Wissenschaftlern wird in höherem Maße den Interessen und dem Wohl der Allgemeinheit dienen können.

Zitierte Literatur

Arrhenius, S.: On the Influence of Carbonic Acid in the Air upon the Temperature of the Ground, Phil. Mag. and *J. of Sci.*, vol. 41, S. 237–276, 1896

Ashford, O. M.: *Prophet or Professor, the Life and Work of Louis Fry Richardson*, S. 304 ff, Bristol and Boston 1985

Berger, A.: *Long-term variation of the earth's orbital elements*, *Celestial-Mech.*, vol. 15, S. 53–74, 1977

Birkeland, K.: *Expeditions norvegienne de 1899–1900 pour l'etude des aurores boreales*, *Videnskap. Skrifter*, 1, Math.-Naturw. Kl.; (1), Christiania 1901

Fultz, D.: *Experimental Analogies to Atmospheric Motions*, in: Malone, T. (Hg.): *Compendium of Meteorology*, S. 1235–1262, Washington DC 1951

Gedzelman, S.D.: *Chaos Rules, Weatherwise*, vol. 47, S. 21–26, 1994

Hess, H. H.: *History of ocean basins*, in: Engel, A. E. J., H. L. James, B. F. Leonard (Hg.) *Petrologic Studies – A Volume in Honor of A. F. Buddington*, Geol. Soc. of America, S. 599–620, 1962

Holmes, A.: *Continental Drift, Nature*, vol. 122, S. 431, 1928

Intergovernmental Panel on Climate Change: *Climate Change, The IPCC Scientific Assessment*, S. 365 ff, Cambridge 1990

Intergovernmental Panel on Global Change: *Radiative Forcing of Climate Change, The 1994 Report of the Scientific Assessment Working Group of IPCC*, S. 28 ff, WMO/UNEP, Genf 1994

Milanković, M.: *Mathematische Klimalehre und astronomische Theorie der Klimaschwankungen*, in: Köppen, W. und R. Geiger (Hg.): *Handbuch der Klimatologie*, Berlin 1930

National Aeronautics and Space Administration: *Report of the Advisory Council*, S. 208 ff, Washington DC 1988

Ruelle, D.: *Where can one hope to profitably apply the ideas of chaos? Physics Today*, vol. 46, S. 24–30, 1994

Saltzman, B. und R. E. Moritz: *A time-dependent climate feedback system involving sea ice extent, ocean temperature, and* CO_2, *Tellus*, vol. 32, S. 94–117, 1980

Vine, F. J. und D. H. Matthews: *Magnetic anomalies over oceanic ridges, Nature*, vol. 199, S. 947–949, 1963

Wegener, A.: *Die Entstehung der Kontinente und Ozeane*, S. 242 ff, Braunschweig 1928

Giovanni Galizia

Evolution in künstlichen Welten

Die Problematik

Die Erde ist fünf Milliarden Jahre alt. Auf ihr gibt es seit mindestens vier Milliarden Jahren Leben, das sich im Laufe der Evolution zu den heutigen Lebensformen – Tiere, Pflanzen, Pilze, Bakterien und Viren – entwickelt hat. Vielleicht ist das Leben öfter als einmal entstanden und möglicherweise auch in unterschiedlicher Form, aber wir gehen davon aus, daß alle bis heute lebenden Organismen auf eine Urform zurückzuführen sind. Ein Hauptargument hierfür ist das Zusammenspiel von Proteinen und Nukleinsäuren, das allen heutigen Organismen gemein ist. Dieses Zusammenspiel ist so einzigartig, daß es unwahrscheinlich erscheint, daß es zweimal unabhängig voneinander entstanden ist. Demzufolge sind alle Lebewesen miteinander verwandt, und es sollte möglich sein, ihre Verwandtschaftsverhältnisse zu erforschen.

Ob es wirklich möglich ist, den wahren Stammbaum zu rekonstruieren, sei vorerst dahingestellt. Die Frage, ob es einen wahren Stammbaum überhaupt gibt, ist interessanter. Sie setzt sich aus zwei Teilen zusammen: Wie real läßt sich das heutige System der Lebewesen beschreiben und wie dessen historische Komponente darstellen? Wenn wir davon ausgehen, daß es nur *eine* Geschichte gegeben hat (Cäsar hat entweder existiert oder nicht – aber es kann ihn nicht halb gegeben haben; unser Bild von Cäsar kann allerdings nur zur Hälfte stimmen), so ist auch der Stammbaum der Lebewesen eindeutig – in dem Sinn, daß es einen ununterbrochenen historischen Verwandtschaftsfaden zwischen den Urvorfahren und den heute lebenden Organismen gibt. Ein Stammbaum hat für den Biologen aber nur Sinn, wenn er sich nicht auf einzelne Organismen bezieht, sondern auf Arten. Die Arteinteilung ist eine Klassifikationsleistung des Menschen, deren Kongruenz mit realen Strukturen in der Natur hier nicht erörtert werden soll. Ein Stammbaum ist auch nur dann rekonstruierbar, wenn es sich wirklich um einen Baum – oder weitgehend um einen Baum – handelt und nicht um ein Netzwerk mit vielen Querverbindungen. Bei Pflanzen und noch mehr bei Bakterien gibt es oft Querverbindungen zwischen Arten, die nicht nah verwandt sind, so daß ihr Stammbaum einem Netzwerk nahekommt. Da sich das Bild eines Baums am besten auf die Evolution der Tiere anwenden läßt, werde ich mich im folgenden hauptsächlich auf Tiere beziehen.

Wie in allen historischen Wissenschaften sind wir bei der Rekonstruktion vergangener Evolutionsereignisse auf Indizien angewiesen, die uns bis heute überliefert worden sind. Im Falle der Tiere sind das fossile Funde und die heute lebenden Tiere selbst. Aus den Eigenschaften der heute lebenden Tiere läßt sich ihr Stammbaum rekonstruieren, wenn genug über die Evolutionsmechanismen dieser Eigenschaften bekannt ist. Diese wiederum sind aber nur mit Hilfe der Kenntnis des Stammbaums zu erörtern: ein Teufelskreis! Dieser Kreis kann durch Simulationsmodelle durchbrochen werden, in denen künstliche Lebewesen im Computer eine komplette Evolution durchlaufen, bei der wir die Evolutionsmechanismen kennen, da wir sie selbst festlegen.

Was ist Stammbaumrekonstruktion?

Zwischen den Arten herrscht verschieden große Ähnlichkeit – ein Umstand, der Carl von Linné im 18. Jahrhundert dazu bewog, die bekannten Arten in einem hierarchischen System anzuordnen. Dieses hierarchische System war nach Linné Spiegelbild der natürlichen Zusammengehörigkeit der Arten, jener Ordnung, die seit jeher der Schöpfung inhärent ist. Heute sehen wir die Vielfalt der Arten als Produkt der Evolution und die große Ähnlichkeit bestimmter Arten als die Folge ihrer nahen Verwandtschaft. Der Gorilla und der Schimpanse sind sich zum Beispiel deswegen ähnlich, weil sie von einem ihnen beiden gemeinsamen Vorfahren abstammen, der vor rund acht Millionen Jahren gelebt hat.[1] Ähnlichkeit allein reicht allerdings nicht zur Beurteilung des Verwandtschaftsverhältnisses aus, da unabhängig voneinander

1 Die Tatsache, daß dies unabhängig davon gilt, ob die Schimpansen näher mit den Menschen als mit Gorillas verwandt sind, weist auf die Notwendigkeit hin, abgelei-

entwickelte Anpassungen an dieselbe Umwelt oft zu sehr ähnlichen Lösungen geführt haben. Ein klassisches Beispiel dafür bildet die Fischform von Meeressäugetieren wie den Walen und Delphinen. Hier ist die ähnliche Körperform kein Hinweis auf nahe Verwandtschaft mit den Fischen.

Ziel der Stammbaumrekonstruktion ist es, die Verwandtschaftsverhältnisse der Arten zu erkunden, ohne durch Ähnlichkeiten, die auf Zufälle oder gemeinsame Umweltbedingungen zurückzuführen sind, irregeführt zu werden.

Wozu rekonstruiert man Stammbäume?

Wie für so manches andere Forschungsgebiet läßt sich die Frage nach Sinn und Zweck sowohl auf der Ebene der Grundlagenforschung als auch auf dem Feld der angewandten Forschung stellen.

Für die Evolutionsbiologie ist es von entscheidender Bedeutung, die Geschichte der Natur in ihrer chronologischen Ereignisfolge zu kennen, denn erst daraus lassen sich Gesetzmäßigkeiten der Evolution ableiten. Wenn zum Beispiel in einer Gruppe von Tieren zwei unterschiedliche Merkmale meist gemeinsam auftreten, so kann das zwei Gründe haben: Entweder die beiden Merkmale waren zufällig einer Tierart gemein und die heute lebenden Arten haben die beiden Merkmale von dieser Tierart geerbt, oder die Merkmale sind unabhängig voneinander entstanden, und jedesmal, wenn das eine auftrat, kam das zweite hinzu. Im letzteren Fall muß es eine funktionelle Kopplung zwischen den beiden Merkmalen geben, die aus ihnen selbst nicht ersichtlich ist. Für den nötigen Beweis dieses Zusammenhangs ist die Kenntnis des Stammbaums nötig, da nur so ein zufälliges Zusammentreffen der beiden Merkmale ausgeschlossen werden kann.[2]

---

tete von ursprünglichen Merkmalen zu unterscheiden. Dieses Thema wird im Abschnitt über die Hennigsche Schule erörtert.

2 Ein Beispiel für ein solches Merkmalspaar bei den Primaten ist das gemeinsame Auftreten von Polygamie und vergrößerten Hoden. So sind zum Beispiel die Hoden des Gorillas *Gorilla gorilla* nur ein Viertel so groß wie die des Schimpansen *Pan troglodytes*, obwohl er viermal so schwer ist. Gorillaweibchen paaren sich mit einem einzigen Männchen, während sich Schimpansenweibchen mit mehreren Männchen

Auch die angewandte Naturwissenschaft braucht Informationen über Verwandtschaftsverhältnisse. So lassen sich in der Züchtung meist nur nah verwandte Arten miteinander kreuzen. Durch die Verfügbarkeit gentechnischer Methoden ist dieser Zweig noch wichtiger geworden. Ähnlich sieht es bei der Schädlingsbekämpfung aus: Wird ein neues, selektives Schädlingsbekämpfungsmittel geprüft, so ist es nicht möglich, die Wirkung bei allen möglicherweise betroffenen Arten auszuprobieren (es gibt allein über eine Million Käferarten auf der Welt). Die Substanzen werden deshalb an Stellvertretern ganzer Artengruppen getestet und die Ergebnisse aufgrund der Verwandtschaft auf die gesamte Gruppe hochgerechnet.

Informationsquellen

Wir kennen drei Informationsquellen der Stammbaumrekonstruktion: Erstens gibt es paläontologische Funde, die Indizien für vergangene Lebensformen sind. Diese Funde können sich, wenn sie reichhaltig genug sind, zu umfassenden Bildern vorgeschichtlicher Lebensgemeinschaften zusammenfügen. Beispiele hierfür sind die allgemein bekannten Rekonstruktionen der Dinosaurierzeit. Allerdings sind fossile Funde immer lückenhaft und eignen sich deswegen nicht, den kontinuierlichen Wandel einzelner Arten über evolutionäre Zeiträume hinweg zu verfolgen. Manche evolutionstheoretische Schulen sind sogar der Meinung, daß dies selbst bei lückenlosen paläontologischen Funden nicht möglich wäre. Für die Rekonstruktion des zeitlichen Hintereinanders brauchen wir zusätzliche Mittel, die über einzelne Standbilder – «Schnappschüsse» aus der Vergangenheit – hinausgehen.

Zu den wichtigsten Informationsquellen gehören – zweitens – die heute lebenden Arten. Da Merkmale, die mehreren Tieren gemeinsam sind, meist auf gemeinsame Vorfahren zurückgehen, lassen sich aus ihnen Verwandtschaftsverhältnisse rekonstruieren. Allerdings müssen, wie schon oben erwähnt, auf gemeinsamer Abstammung beruhende

---

paaren. Hier erhöht eine stärkere Samenproduktion für das Männchen die Chance, Nachkommen zu produzieren, weshalb vergrößerte Hoden einen Selektionsvorteil haben.

Merkmale von solchen unterschieden werden, die zufällig oder aufgrund ähnlicher Umweltbedingungen bei verschiedenen Tieren entstanden sind.

Dies bringt uns zur dritten Quelle historischer Information, den Evolutionsgesetzen. Merkmale, die einer Art eigen sind, werden auf genetischem Weg von einer Generation an die nächste weitergegeben. Dabei entstehen von Zeit zu Zeit Fehler (Mutationen), die der Ursprung der Variabilität der Arten sind. Die Kenntnis der Häufigkeit, mit der Mutationen zu veränderten Merkmalen einer Art führen, und der Veränderungsrate, die sich daraus für diese Merkmale ergibt, ist für die Stammbaumrekonstruktion wichtig.[3] Genausowichtig ist es, Merkmale zu finden, die unterschiedlichem Selektionsdruck ausgesetzt waren. Der Selektionsdruck selbst ändert sich über die Jahrmillionen.

Das Zusammenspiel von Merkmalsübertragung entlang eines Stammbaums und den Gesetzen der evolutiven Genetik, das heißt, die Geschwindigkeit, mit der Veränderungen von neuen Arten aufgenommen werden, liegt den Simulationsexperimenten zugrunde, die ich hier beschreiben will. Zuvor ist es aber nötig, einige Methoden der Stammbaumrekonstruktion genauer anzuschauen, um etwas über die Wechselwirkung unseres Evolutionsverständnisses mit den Methoden der Stammbaumrekonstruktion zu erfahren.

Was ist Ähnlichkeit?

Ähnliche Merkmale zwischen verschiedenen Arten können auf verschiedene Ursachen zurückzuführen sein, die nicht immer ein Hinweis auf nahe Verwandtschaft sind (Abb. 1): Wie schon erwähnt, gibt es ähnliche, aber unabhängig voneinander entstandene Merkmale, die auf Zufälle oder auf ähnlichen Selektionsdruck zurückzuführen sind.[4]

---

3 Nimmt man die Gene selbst als Merkmale, so führt jede Mutation, die in die Art aufgenommen wird, zu einem veränderten Merkmal. Nimmt man morphologische Merkmale, so kann es Mutationen der Gene geben, die sich nicht in veränderten Merkmalen ausprägen.

4 Dabei wird parallele von konvergenter Evolution unterschieden. Als konvergente Evolution bezeichnet man Merkmale, die sich unabhängig voneinander aus verschiedenen Strukturen entwickelt haben. Dies kann auch entfernt verwandten Arten

Wenn Merkmale in einem Ast des Stammbaums verlorengegangen sind, kann das entlang anderer Äste übriggebliebene Merkmal eine nahe Verwandtschaft in den Arten vortäuschen, die aus diesen Ästen hervorgegangen sind. Einen ähnlichen Fall gibt es, wenn Merkmale in ihren ursprünglichen Zustand zurückfallen (regressive Merkmale). Auch hier kann irrtümlicherweise auf eine Verwandtschaft geschlossen werden, die sich nur durch den Vergleich mit anderen Merkmalen ausschließen läßt.

Ähnlich liegt das Problem bei ursprünglichen (plesiomorphen) Merkmalen. Diese Merkmale, die allen Vorfahren einer in Betracht gezogenen Gruppe gemeinsam sind, sind zur Stammbaumrekonstruktion nicht geeignet, da sie nur die Zusammengehörigkeit der gesamten Gruppe belegen. Haben sich diese Merkmale in manchen Arten weiterentwickelt oder sind sie verlorengegangen, dann erscheinen die anderen Arten untereinander ähnlich – aber diese Ähnlichkeit ist kein Hinweis auf deren Verwandtschaftsgrad.

Die einzigen Merkmale, die einen sicheren Hinweis auf Verwandtschaftsverhältnisse geben, sind abgeleitete (apomorphe), das heißt innerhalb der Gruppe, die betrachtet wird, neu entstandene Merkmale. Für jedes Merkmal ist demzufolge nicht nur die Verteilung über die Arten, sondern auch die Polarität der Merkmalsausprägungen wichtig, also die Kenntnis darüber, welcher Zustand des Merkmals der ursprüngliche und welcher der abgeleitete ist.

Schulen der Stammbaumrekonstruktion

Es gibt keine einzelne richtige Methode, um den Stammbaum von Arten zu rekonstruieren. Vielmehr berücksichtigen die unterschiedlichen Ansätze die Eigenschaften, die sich durch die Merkmalsauswahl oder durch die Zusammensetzung der betrachteten Gruppe ergeben. So gibt es zum Beispiel für den Stammbaum der Bakterien fast nur genetische Sequenzen als Informationsquelle, während bei Säugetieren ein Zu-

passieren. Parallel wird die Evolution homologer Strukturen zur gleichen Zielstruktur genannt. Parallel entstandene Merkmale sind kaum von einmaligen Merkmalen zu unterscheiden.

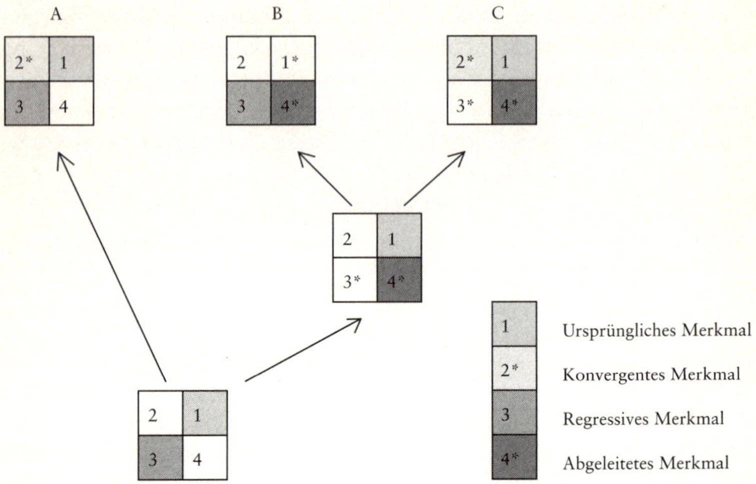

Abb. 1: Vier verschiedene Ursachen für Ähnlichkeiten zwischen Arten. Nur die auf abgeleiteten Merkmalen beruhenden Ähnlichkeiten sind auch Ausdruck naher Verwandtschaft.
A, B und C stellen heute lebende Arten dar, wobei B und C näher verwandt sind als beide mit A. Jede Art wird durch die Merkmale 1,2,3 und 4 beschrieben, deren Ausprägung sich zum Teil während der Evolution in 1*,2*,3* bzw. 4* geändert hat. Der historische Ablauf dieser Veränderungen ist als Stammbaum dargestellt. Die Wurzel des Stammbaums wird von einer Art mit den Merkmalsausprägungen 1,2,3,4 eingenommen, aus der zwei Arten entstanden sind, eine mit den Ausprägungen 1,2*,3,4 (die Art A) und eine andere mit den Merkmalen 1,2,3*,4*, aus der ihrerseits die beiden Arten B und C hervorgegangen sind.
Die Arten A und C sind sich in der Ausprägung von Merkmal 1 ähnlich. Dies beruht darauf, daß sich dieses Merkmal in B zu 1* verändert hat, und bedeutet nicht, daß A und C nah verwandt sind. Das Beibehalten ursprünglicher (plesiomorpher) Merkmale ist also kein Hinweis auf Verwandtschaft.
Das Merkmal 2 ist zweimal unabhängig zur Ausprägung 2* gelangt. Ein solches Merkmal nennt man konvergent; es kann, sobald es erkannt ist, nicht mehr zur Stammbaumrekonstruktion verwendet werden.
Merkmal 3 ist auf dem Weg zum gemeinsamen Vorfahren von B und C zur Ausprägung 3* gelangt – womit 3* als verbindendes Glied zwischen diesen Arten dienen könnte, wenn das Merkmal auf dem Weg zu B nicht wieder in seinen ursprünglichen Zustand zurückgefallen wäre. So täuscht es eine nahe Verwandtschaft zwischen A und B vor.
Allein Merkmal 4* kann, da es ein einziges Mal auf dem Stammbaum zu dieser Ausprägung evolviert ist, als abgeleitetes Merkmal (auch Apomorphie genannt) die nahe Verwandtschaft von B und C belegen.

sammenspiel von genetischer Information, komplexen morphologischen Merkmalen und paläontologischen Funden möglich ist. Auch ist das Bild eines «Stammbaums» für Bakterien ungeeignet, da es sich aufgrund häufigen Genaustausches zwischen verschiedenen Arten eher um ein «Stammnetz» handelt. Solchen Tatsachen muß die verwendete Methode Rechnung tragen.

Die Hennigsche Schule

Der Geologe Edwin Hennig hat 1956 als erster auf den Unterschied zwischen einem abgeleiteten und einem ursprünglichen Merkmal hingewiesen und daraus eine konsequente Methode der Stammbaumrekonstruktion entwickelt. In diesem System ist eine detaillierte Kenntnis der einzelnen Merkmale wesentlich, da nur so über die Polarität des Merkmals entschieden werden kann. Ist ein Merkmal mit großer Wahrscheinlichkeit in der Evolution nur einmal entstanden, so reicht es im Prinzip aus, um eine Gruppe miteinander verwandter Arten als eine geschlossene Abstammungsgemeinschaft zu definieren. Diese wird «monophyletische Gruppe» genannt, das Merkmal eine «Synapomorphie» der Gruppe. Die Kenntnis der Polarität des Merkmals kommt aus vergleichenden biologischen Studien, zum Beispiel aus Beobachtungen der Entwicklung der einzelnen Organismen.

Ideale Merkmale für eine Hennigsche Rekonstruktion sind komplexe, seltene Merkmale, bei denen aufgrund ihrer Komplexität die Wahrscheinlichkeit, daß es sich um parallel entstandene Merkmale handeln könnte, als sehr gering angenommen wird.

Numerische Kladisten

Die numerische kladistische Schule[5] folgt der Überlegung, daß die Auswahl von wenigen komplexen Merkmalen, wie sie für die Hennigsche Herangehensweise charakteristisch ist, notgedrungen zu einer Selektion nur jener Merkmale führt, die die untersuchenden Forscher als wichtig erachten oder besonders gut kennen, weil sie leicht zu untersuchen sind. Es handelt sich also immer um eine einseitige Datengrundlage.

Kladisten versuchen deswegen, alle der Beobachtung zugänglichen Merkmale aufzulisten und komplexe Merkmale in so viele Untermerkmale wie möglich aufzuteilen. Für die einzelnen Mini-Merkmale ist jetzt eine A-priori-Zuordnung der Polarität nicht mehr möglich, und unter den Merkmalen sind sicherlich viele, die durch parallele oder konvergente Evolution entstanden sind.

Bei einer solchen Studie nimmt man also bezüglich der Daten an, daß die kohärente Information, die auf die gemeinsame evolutive Geschichte zurückzuführen ist, stärker ist als die Verwaschung des Stammbaums durch Zufälle, konvergente und parallele Evolution und fehlerhafte Beschreibungen.

Die Hennigsche Schule, die im vorausgegangen Abschnitt beschrieben wurde, ist eine streng kladistische Schule. Wenn ich hier den Kladisten einen getrennten Absatz widme, so liegt das daran, daß Hennig im angelsächsischen Raum anders interpretiert wurde als im deutschspra-

5 Der Name «Kladismus» kommt von klados, gr. für Stamm. Die Bezeichnung stammt aus einer Kontroverse, in der es darum ging, wie biologische Arten zu klassifizieren sind. Kladisten sind der Meinung, daß nur natürliche Gruppen, also Gruppen von Arten, die im Stammbaum des Lebendigen einer historisch geschlossenen Abstammungsgemeinschaft entsprechen, als Grundlage einer Klassifizierung dienen können. Jede so klassifizierte Gruppe muß, ohne Ausnahmen, aus allen Nachkommen einer Stammart bestehen. Fische sind demzufolge keine Gruppe, da die Landwirbeltiere auf Fische zurückzuführen sind und somit zu den Nachkommen der Fische gehören, also bei einer Klassifizierung zu den Fischen gerechnet werden müßten. Der philosophische Standpunkt der Kladisten ist, daß es nur einen historisch wahren Stammbaum gibt und demzufolge nur ein historisch vertretbares Klassifikationsschema. Demgegenüber sind aus ihrer Sicht alle nichtkladistischen Klassifikationsschemata Ähnlichkeitsgruppierungen, die von manchen Forschern so, von anderen anders interpretiert werden können und somit einer objektivierbaren Grundlage entbehren.

chigen Gebiet. Das hängt wiederum damit zusammen, daß Hennigs Hauptwerk erst 1966 ins Englische übersetzt wurde, als die *numerical taxonomy*, die Klassifizierung von Arten mit Hilfe vieler, möglichst weitgefaßter Merkmale, in England und Amerika schon weit verbreitet war.[6]

Die statistische Schule

Wenn man davon ausgeht, daß die einzelnen Merkmale nur als «Gesamtpaket» eine Aussage über die Evolution der betroffenen Arten zulassen, dann ist ein statistischer Ansatz berechtigt. Hierbei werden den Merkmalen Veränderungswahrscheinlichkeiten[7] über evolutive Zeiträume zugeordnet. Wenn die Merkmalszustände der betrachteten Arten zum heutigen Zeitpunkt bekannt sind, ist es möglich, für einen bestimmten Stammbaum die Wahrscheinlichkeit zu berechnen, mit der aus einer Stammart die heutigen Arten mit den beobachteten Merkmalen hervorgegangen sind – unter Annahme der gegebenen Veränderungswahrscheinlichkeiten. Diese Wahrscheinlichkeit wird *likelihood* des betreffenden Stammbaums genannt. Dieselbe Berechnung kann an einem «konkurrierenden» Stammbaum mit anderem Verzweigungsmuster wiederholt werden, und wenn hier die *likelihood* größer ist, so wird dieser Stammbaum als die bessere statistische Schätzung angenommen. Der Nachteil dieser Methode ist, daß die Anzahl aller möglichen Stammbäume schon bei relativ wenigen Arten (fünfzehn bis zwanzig) so groß ist, daß weltweit nicht genug Computerkapazitäten vorhanden sind, um die *likelihoods* für alle möglichen Stammbäume zu berechnen. Wir sind deswegen auf Näherungsverfahren angewiesen.[8]

---

6 Im Gegensatz zu den Kladisten, die unter Einbeziehung vieler Merkmale einen Stammbaum rekonstruieren wollen, der den historischen Verwandtschaftsverhältnissen entspricht, suchen die «numerischen Taxonomen» allein nach einer günstigen Klassifikation der Arten, ohne für diese Klassifikation den Anspruch zu erheben, daß sie einer natürlichen Ordnung entspringt.

7 Veränderungswahrscheinlichkeiten sind nicht Mutationsraten gleichzusetzen, sondern der Wahrscheinlichkeit, mit der Mutationen auftreten, multipliziert mit der Wahrscheinlichkeit, mit der Veränderungen in die Art aufgenommen werden.

8 Es handelt sich um eines der sogenannten NP-vollständigen Probleme, bei denen die benötigte Rechenzeit mit der Anzahl der Arten auf überexponentielle Weise

Der Vorteil dieser Methode ist, daß die Stammbaumrekonstruktion in einen festen statistischen Rahmen eingebettet wird, der es ermöglicht, Hypothesen präzise zu formulieren und die verschiedenen möglichen Stammbäume auch quantitativ in ihrer Güte zu vergleichen. Doch auch im günstigsten Fall kann die Schätzung nur so gut sein wie die Annahmen, die der Rekonstruktion zugrunde liegen. Und diese Annahmen beziehen sich hauptsächlich auf Wahrscheinlichkeiten, mit denen sich Merkmale in der Evolution verändern – ein Bereich, der noch weitestgehend unerforscht ist.

Daten, Methoden und Evolution: ein Vergleich

Die Hennigsche Schule setzt Merkmale voraus, die eine so geringe Veränderungswahrscheinlichkeit haben, daß sie nur ein einziges Mal auf einem Stammbaum entstanden sind. Die Kladistische Schule erwartet, daß von allen berücksichtigten Merkmalen zumindest die meisten – nicht unbedingt alle – eine geringe Veränderungswahrscheinlichkeit aufweisen. Die Anhänger der statistischen Schule verwenden Merkmale, bei denen vorausgesetzt wird, daß die Veränderungsraten einigermaßen konstant sind. Aus praktischer Sicht stellt sich aber eine grundsätzliche Frage: Was für Daten eignen sich überhaupt als Informationsquelle für Stammbaumrekonstruktionen, und welche Methode eignet sich für welche Daten am besten?

Über den Umgang mit komplexen Merkmalen habe ich schon im Zusammenhang mit der Hennigschen Methode gesprochen. Oft lassen sich keine morphologischen Merkmale finden, die sowohl in ein festes Hennigsches Muster passen als auch untereinander nicht widersprüchlich sind. Weniger sichere morphologische Merkmale sollten nur für ein kladistisches Rekonstruktionsmodell verwendet werden.

In letzter Zeit stehen immer mehr molekulare Daten zur Verfügung, nämlich die Aminosäuresequenzen von Proteinen oder die Nukleotid-

wächst. Für drei Arten gibt es nur drei mögliche Stammbäume, bei fünf Arten sind es schon 105, und bei zehn Arten gibt es mehr als 34 Millionen mögliche Stammbäume. Es sind keine Algorithmen bekannt, die ein NP-vollständiges Problem in einer Rechenzeit lösen können, die nur exponentiell mit der Größe der Aufgabe wächst.

sequenzen des Erbguts. Bei diesen Merkmalen gibt es nur eine sehr beschränkte Anzahl von Merkmalsausprägungen (an jeder DNA-Sequenzposition zum Beispiel eines der vier möglichen Nukleotide: Guanin, Cytosin, Thymin und Adenin). Da bei so wenigen Merkmalsausprägungen die Polarität der Merkmalsänderungen nicht auszumachen ist, eignen sie sich höchstens für den kladistischen Ansatz, besser noch für den statistischen. Letzterer erlaubt es auch, eine höhere Veränderungsrate anzunehmen als bei der kladistischen Methode, bei der ja angenommen wird, daß sich die meisten Merkmale so selten verändert haben, daß sie nur zum «richtigen» Stammbaum passen. Diese Voraussetzung fällt beim statistischen Ansatz weg.

Allerdings kann auch der statistische Ansatz nicht beliebig hohe Veränderungsraten verkraften, da sonst die Wahrscheinlichkeit für ein Merkmal, an der Spitze eines Astes einen bestimmten Zustand zu haben, vom Zustand an der Basis des Astes unabhängig wird. Die Frage ist nun, wie hoch die Veränderungsrate ist, die gerade noch eine ausreichende Zuverlässigkeit bei der Rekonstruktion erlaubt.

Da uns diese Information bei realen Datensätzen fehlt, führt die Untersuchung dieser Frage an biologischem Material zu einem logischen Zirkelschluß. Die Veränderungsgeschwindigkeiten können nämlich nur aus der Kenntnis des Stammbaums heraus bestimmt werden, der Stammbaum aber nur aus den Daten, die wir an den Arten beobachten. Insofern ist die Messung der Veränderungsgeschwindigkeit nicht unabhängig von der Stammbaumrekonstruktion selbst.

Um den Zusammenhang zwischen evolutiver Veränderungsrate und der Zuverlässigkeit der Stammbaumrekonstruktion zu erforschen, brauchen wir eine künstliche Welt, in der wir (1) die gesamte Evolution ablaufen lassen können, (2) dabei die Veränderungsrate entweder beobachten oder selbst bestimmen können und (3) den «wahren» Stammbaum der Arten kennen. Wenn wir in dieser Welt mit den uns zugänglichen Methoden die Stammbäume, von Daten der Gegenwart ausgehend, rekonstruieren, wissen wir, wie zuverlässig die Methoden für die betrachteten Datensätze sind. So eine Welt können wir im Computer simulieren.

Computersimulationen der Evolution

Die Idee verschiedener künstlicher Welten wird in den folgenden Experimenten systematisch verfolgt: Auf Stammbäumen unterschiedlicher Topologie wird die Evolution molekularer Sequenzen mit verschiedenen Veränderungsgeschwindigkeiten simuliert, und aus den terminalen Sequenzen werden die Stammbäume rekonstruiert. Da die wahren Stammbäume bekannt sind, kann die Zuverlässigkeit der Rekonstruktion in Abhängigkeit von der Veränderungsgeschwindigkeit und der Stammbaumtopologie bestimmt werden, und somit können die Grenzen der Stammbaumrekonstruktion aufgezeigt werden.

Das Simulationsmodell orientiert sich an der Evolution der Säugetiere. Diese Gruppe gibt es seit etwa 120 Millionen Jahren, sie hat schon vor etwa 60 Millionen Jahren alle heute noch lebenden Ordnungen (wie etwa die Fledermäuse, die Nagetiere, die Primaten usw.) hervorgebracht. Seitdem haben innerhalb dieser Ordnungen weitere Aufteilungen stattgefunden, die zu den heute lebenden Säugetierarten geführt haben (und die in diesem Rahmen nicht berücksichtigt werden). Wie die genauen Verwandtschaftsverhältnisse an der Basis des Säugetierstammbaums aussehen, ist umstritten. Ziel der Simulationsexperimente ist es, herauszufinden, was für eine Datenbasis wir brauchen, um überhaupt eine zuverlässige Aussage darüber treffen zu können.

Zwei Extremfälle von Verzweigungsmustern sind denkbar: Entweder es hat im Zeitraum von 120 bis 60 Millionen Jahren vor unserer Zeit auf jedem Zweig ungefähr gleich oft eine Aufteilung gegeben (was zu einem in etwa symmetrischen Stammbaum führt), oder ein einziger Zweig hat nach und nach alle Ordnungen hervorgebracht (was zu einer kammähnlichen Anordnung führt). Dazwischen sind natürlich alle Übergangsfälle denkbar.

Abbildung 2 zeigt die vier Stammbaumtopologien, entlang deren das Simulationsexperiment durchgeführt wurde. In allen Fällen findet während der Artenbildungsphase jeweils in gleichen Zeitabständen eine Artenbildung statt, die im Baum als Verzweigung gekennzeichnet ist. Als Topologien wurden die beiden oben beschriebenen Extremfälle verwendet: der symmetrische und der kammähnliche Fall. Für jeden dieser Fälle wurde der Datensatz zum Ende der Artenbildungszeit betrachtet – im Beispiel der Evolution der Säugetiere also zum Zeitpunkt vor 60 Millionen Jahren – sowie nach einer darauffolgenden Zeit, während der die Arten unabhängig voneinander evolvierten. Im Beispiel der Säugetiere landen wir in der Jetztzeit.

Für jeden dieser Stammbäume wurde eine Gensequenz simuliert, die entlang des Stammbaums mit konstanter Veränderungswahrscheinlichkeit evolviert, wobei diese Wahrscheinlichkeit in getrennten Ansätzen systematisch vergrößert wurde. Aus den am Ende des Stammbaums resultierenden Sequenzen wurde mit der statistischen Methode der beste Stammbaum rekonstruiert, das heißt der Stammbaum mit der größten *likelihood*. Die statistische Methode wurde deswegen gewählt, weil ihre Annahmen genau den Bedingungen entsprechen, die in das Simulationsmodell hineingesteckt wurden, so daß keine Fehler entstehen können, die auf eine Diskrepanz zwischen evolutiven Mechanismen und impliziten Annahmen der Rekonstruktionsmethode zurückzuführen sind.

Die aus den Sequenzdaten der simulierten «heutigen» Arten errechneten Stammbäume wurden anschließend mit den «echten» Stammbäumen der Simulation verglichen. Diese Stammbäume sind in den Abbildungen 3 und 4 dargestellt. Abbildung 3 zeigt die Ergebnisse für den Fall der symmetrischen Stammbäume, links unter Berücksichtigung der Daten gleich nach der letzten Artenbildung, rechts nach einer zusätzlichen Zeit unabhängiger Evolution. Abbildung 4 ist die entsprechende Darstellung für den kammähnlichen Stammbaum. Die untereinanderliegenden Bäume unterscheiden sich in der Veränderungswahrscheinlichkeit: $p=0{,}0006$ in der obersten Zeile und $p=0{,}512$ in der untersten. Die Zahl drückt die Wahrscheinlichkeit aus, mit der eine einzelne Position in der Sequenz in der Zeitspanne zwischen zwei Artenbildungsereignissen geändert wird, unabhängig davon, ob gerade auf dem betrachteten Ast so ein Ereignis stattfindet oder nicht. Der kammähnliche Stammbaum mit $p=0{,}287$ und nahe zurückliegenden Artenbildungsereignissen fehlt, da die am Großrechner der University of Cambridge zur Verfügung stehende Computerzeit nicht zu dessen Berechnung ausreichte.

Diejenigen Knotenpunkte, die das Programm aus den Daten der simulierten Endsequenzen richtig rekonstruiert hat, sind mit einem Kreis gekennzeichnet. In allen Fällen konnte für $p=0{,}029$ der zugrundeliegende Stammbaum am besten rekonstruiert werden; im Fall des symmetrischen Stammbaums nach den ersten 60 Millionen Jahren stimmt das Resultat sogar vollständig überein. Mit geringerer Veränderungs-

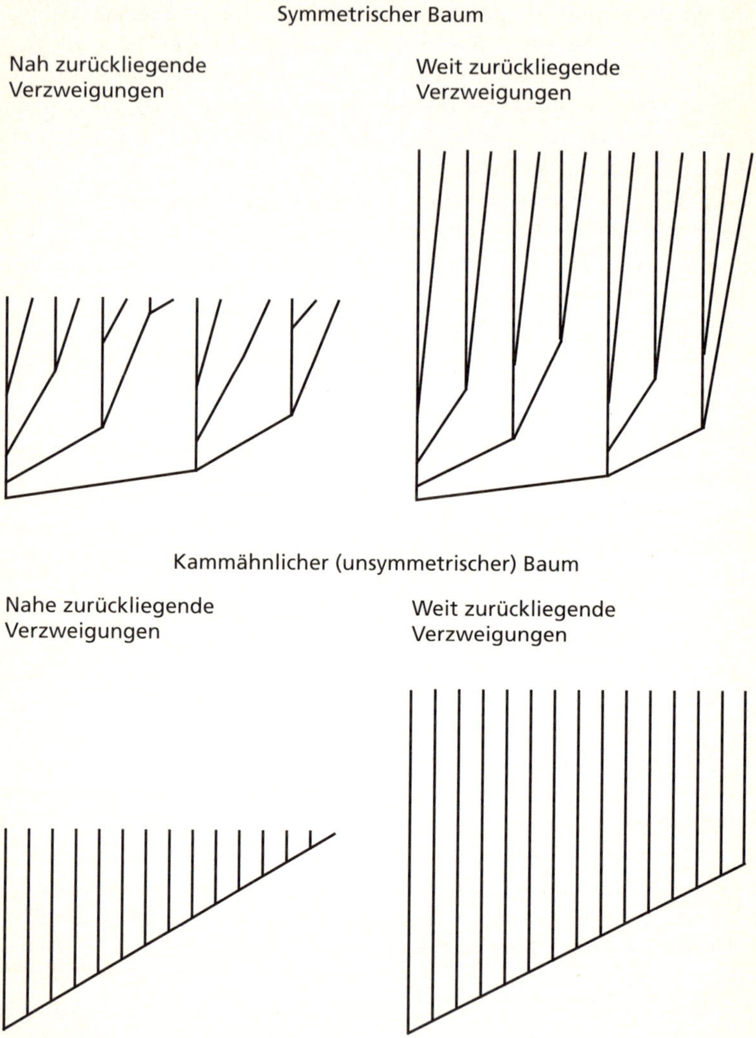

Abb. 2: Die vier Stammbaumtopologien, entlang deren die Evolution einer Tierart simuliert wurde.
Die Stammbäume entsprechen den denkbaren Extremsituationen bei der Evolution der Säugetiere. Im Falle der nah zurückliegenden Verzweigungen wird die Situation betrachtet, in der sich die Säugetiere vor etwa 60 Millionen

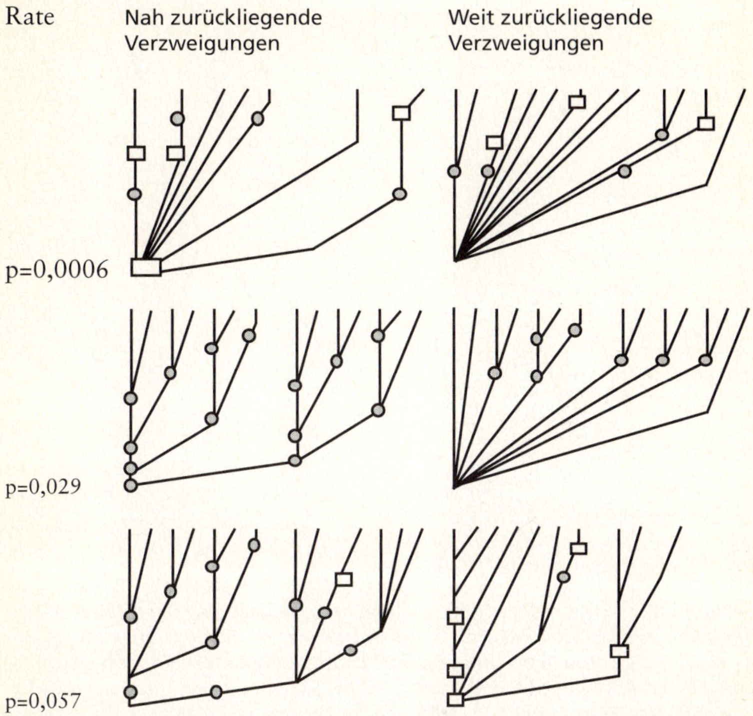

Jahren befanden, nach einer vorausgegangenen Zeit von abermals 60 Millionen Jahren, während deren sich zwischen sechzehn und zwanzig Ordnungen herausgebildet hatten. In einem denkbaren Extremfall sind diese Ordnungen nacheinander aus einem Ast hervorgegangen (kammähnliche Topologie), im anderen verteilen sich die Verzweigungsereignisse auf die verschiedenen Zweige (symmetrische Topologie).
Der Zustand, wie wir ihn heute bei den Säugetieren vorfinden, ist durch die Stammbäume auf der rechten Seite, mit weit zurückliegenden Verzweigungen, dargestellt. Hier folgt auf die Zeit der Verzweigungen im Baum ein Zeitraum, in dem die Arten unabhängig voneinander weiterevolvieren, ohne sich weiter aufzuspalten.

Abb. 3: Die Abbildung zeigt die Stammbäume, die anhand der simulierten Daten rekonstruiert worden sind. Die «wahren» Stammbäume, die möglichst genau rekonstruiert werden sollen, sind die beiden symmetrischen Stammbäume aus Abbildung 2. In der linken Spalte stehen die Ergebnisse für Daten mit nah zurückliegenden Verzweigungen, in der rechten Spalte die für Daten mit weit zurückliegenden Verzweigungen (siehe Abb. 2). Die Zeilen stellen

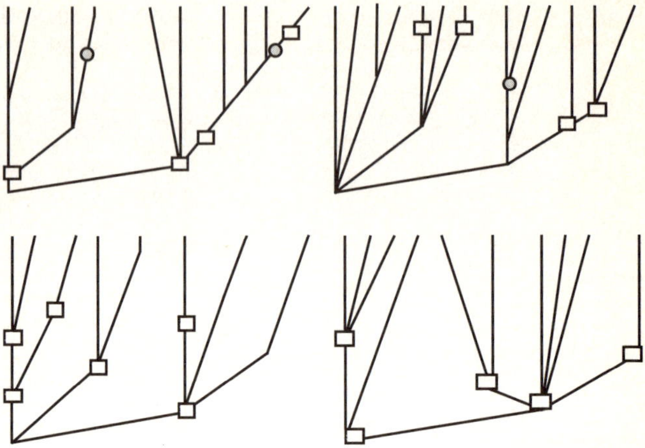

Simulationen mit unterschiedlich schneller Evolution dar. Der *p*-Wert drückt die Wahrscheinlichkeit aus, mit der sich ein Merkmal entlang eines Astes während eines Zeitabschnitts (minimaler Abstand zweier Verzweigungspunkte) während der Simulation der Daten ändern kann. Auf den aus diesen Daten geschätzten Stammbäumen sind die Verzweigungspunkte oder Stammbaumäste, die richtig erkannt wurden, mit einem Kreis markiert.
Für eine Veränderungsrate von $p=0{,}029$ bei nahe zurückliegenden Verzweigungen ist der Stammbaum vollständig korrekt rekonstruiert worden: alle Verzweigungen wurden richtig erkannt. Läßt man aber, bei gleicher Veränderungsrate, eine weitere Zeitspanne mit in den einzelnen Ästen unabhängiger Evolution verstreichen (Topologie mit weit zurückliegenden Verzweigungen), so werden nur noch die jüngsten Verzweigungen richtig erkannt; zur Basis des Baums hin kann die Rekonstruktionsmethode die Artspaltungsabfolge nicht mehr auflösen. Eine erhöhte Veränderungsrate führt zu Informationsverlust in weiter entfernt liegenden Verzweigungen (siehe $p=0{,}057$), doch bleibt hier eine zuverlässige Gruppierung erhalten. Die Information geht durch anschließende, unabhängige Evolution vollständig verloren. Bei noch größerer Veränderungsrate ist in den Simulationsdaten so gut wie keine Information über den Stammbaum mehr enthalten.
Bei geringerer Veränderungsrate ($p=0{,}0006$) sind die Ereignisse, die Verzweigungspunkte in den Daten kodieren können, so selten, daß manche Verzweigungen unerkannt bleiben. Daraus ergibt sich in der Rekonstruktion ein straußförmiges Gebilde.

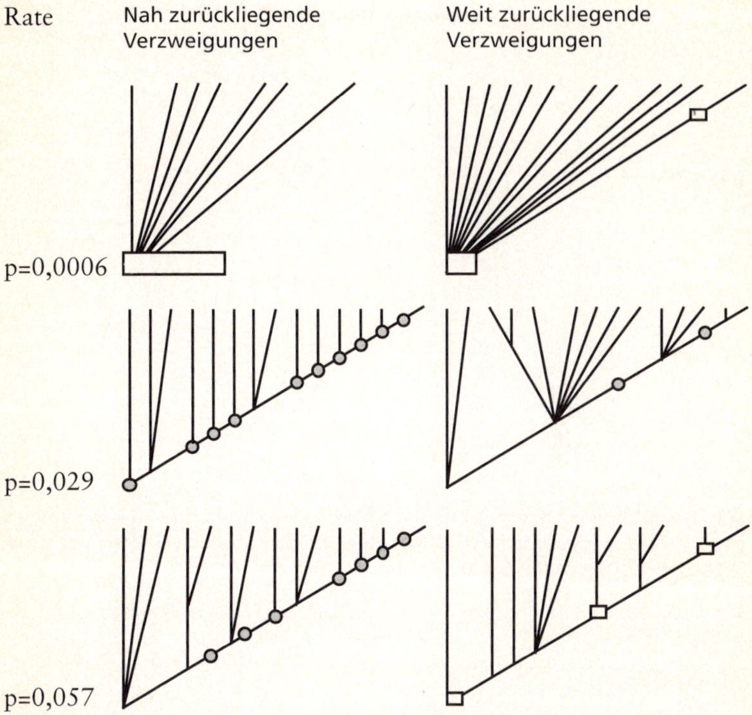

Abb. 4: Diese Abbildung ist genauso aufgebaut wie Abbildung 3. Der Simulation lagen die kammähnlichen Stammbäume zugrunde (siehe Abb. 2).
Auch hier ist für *p*=0,029 das beste Ergebnis zu verzeichnen: Lediglich die Arten B und C sowie G und H sind zusammengefallen, da bei der kammähnlichen Anordnung die inneren Äste kürzer sind als bei der symmetrischen, womit die Wahrscheinlichkeit für veränderte Merkmale sinkt. Allerdings ist der unsymmetrische Stammbaum anfälliger für eine darauffolgende unabhängige Evolutionsspanne, was daran liegen mag, daß beim kammähnlichen Stammbaum die letzten Verzweigungspunkte im Mittel weiter zurückliegen als bei der symmetrischen Anordnung. Insofern ist ein symmetrischer Stammbaum robuster gegen Informationsverluste.
Bei zu niedriger Veränderungswahrscheinlichkeit (*p*=0,0006) gibt es so wenige Mutationen, daß keine Baumstruktur in den Daten kodiert ist. Bei *p*>0,287 gibt es so viele Mutationen, daß die rekonstruierten Bäume zu reinen Phantasiegebilden herabsinken.
Für *p*=0,287 und nah zurückliegende Verzweigungen hat die benötigte Zeit

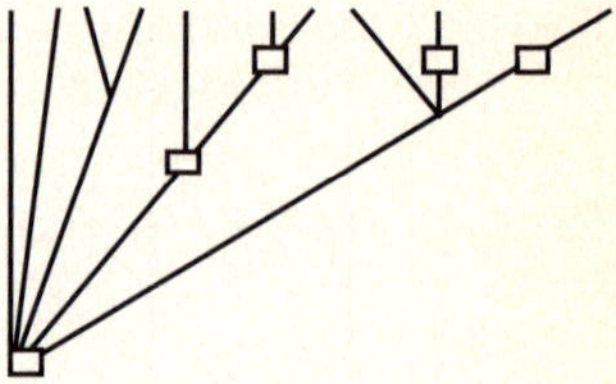

p=0,287

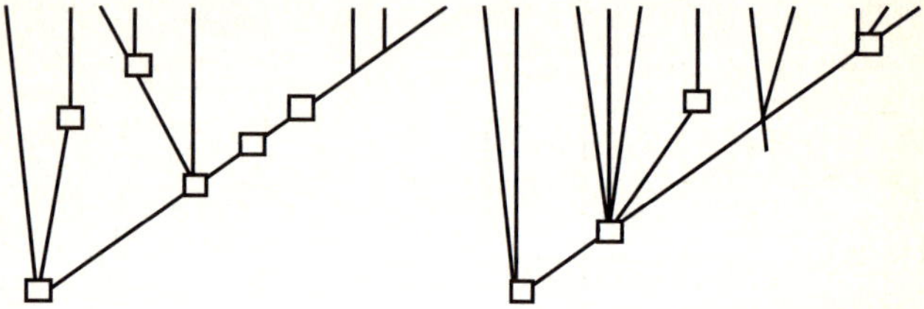

p=0,512

zur Stammbaumrekonstruktion die zur Verfügung stehenden Ressourcen am Großrechner der University of Cambridge überschritten, weshalb die entsprechende Rekonstruktion fehlt.

rate sinkt die Information im Datensatz, was sich in vielen straußförmigen, das heißt nicht in binäre Verzweigungen auflösbaren Knotenpunkten auswirkt, während mit zunehmender Veränderungsrate die rekonstruierten Bäume zwar binär sind, aber nicht mehr zuverlässig (wenig Kreise).

Diese Ergebnisse haben zwei wichtige Konsequenzen: Zum einen setzen sie der Veränderungsgeschwindigkeit der Merkmale, die sinnvoll zur Stammbaumrekonstruktion eingesetzt werden können, starke Grenzen; zum anderen zeigen sie, daß auch die Topologie des Baums (die bei der Stammbaumrekonstruktion ja eine unbekannte Größe ist) das Ergebnis stark beeinflußt. Bei symmetrischen Stammbäumen, bei denen die unabhängigen Äste etwa gleichlang sind, ist in den Spitzen des Baums viel mehr Information enthalten als bei einem kammähnlichen Baum – obwohl der zeitliche Abstand von der Gegenwart zu den einzelnen Knotenpunkten gleich ist.

Außerdem zeigt die Studie, daß auch im Idealfall, in dem die Information am Ende der Artenbildungsereignisse eine exakte Stammbaumrekonstruktion ermöglicht, diese Information durch darauf folgende Zeiten freier Evolution verlorengeht. Die Rekonstruktion der Verwandtschaft der Säugetierordnungen wird also dadurch erschwert, daß inzwischen weitere 60 Millionen Jahre vergangen sind, während deren sich die Säugetiere weiter verändert haben. Mit Merkmalen, die sich während der letzten 60 Millionen Jahre kaum verändert haben, lassen sich die Verwandtschaftsverhältnisse am besten schätzen. Diese Merkmale findet man durch einen Vergleich der heutigen Tiere mit paläontologischen Funden. Ein Beispiel für Merkmale, bei denen sich gegenwärtige Befunde gut mit Fossilien vergleichen lassen, ist die Mikrostruktur von Zähnen, weil Zähne als fossile Funde oft gut erhalten sind und sich während des Lebens nur durch Abnutzung, aber nicht durch Wachstum verändern.

Zusammenfassung und Ausblick

Stammbaumrekonstruktionen basieren auf einem Zusammenspiel von drei Komponenten: den Daten, den Annahmen über die Evolution und der Rekonstruktionsmethode. Die Daten, die eingesetzt werden können, sind die an den berücksichtigten Arten beobachteten Merkmale.

Die Annahmen über die evolutive Geschichte dieser Merkmale betreffen insbesondere die Veränderungswahrscheinlichkeit der Merkmale beziehungsweise die Häufigkeit, mit der Merkmale unabhängig voneinander in verwechselbarer Ähnlichkeit entstehen können. Die Methode, die zur Stammbaumrekonstruktion eingesetzt wird, muß auf die verwendeten Daten abgestimmt werden. Die Zuverlässigkeit der Stammbaumrekonstruktionen ist schwer auszumachen, da es – außer in den rekonstruierten Stammbäumen selbst – keine Informationen über den richtigen Stammbaum gibt.

Dank der Computersimulationen war es möglich, eine künstliche Welt zu schaffen, in der sich fiktive Organismen als Vertreter ihrer Arten nach vorher festgelegten Evolutionsgesetzen entwickeln, und aus diesen Datensätzen die (hier vollständig bekannten) Stammbäume zu schätzen. Dadurch lassen sich die Annahmen, die sich in einer Stammbaumrekonstruktionsmethode verbergen, untersuchen sowie Bedingungen an die Daten ermitteln, die zu solchen Studien herangezogen werden sollen.

Im hier beschriebenen Experiment konnte gezeigt werden, daß die Topologie des realen Stammbaums einen Einfluß auf die Zuverlässigkeit des rekonstruierten Stammbaums hat. Außerdem wurde klar, daß Merkmale mit zu großer Veränderungsgeschwindigkeit auch bei einem statistischen Ansatz, der von der Theorie her keine Annahmen über die Seltenheit evolutiver Ereignisse macht, nicht zur Stammbaumrekonstruktion geeignet sind. Für Artenbildungsereignisse, die weit in der Zeit zurückliegen, sind Merkmale nötig, die sich in der Anfangszeit, in der die Arten sich aufspalten, schneller verändern als im Endabschnitt, in dem die Arten sich zwar weiterentwickeln, aber nicht weiter aufspalten.

Diese Aussagen wären ohne die Verwendung von Computersimulationen nicht möglich. Weitere Simulationsstudien sollen die Beziehung zwischen evolutiven Gesetzen und der entstehenden Topologie klären, so zum Beispiel, inwieweit populationsgenetische Gesetzmäßigkeiten in den Stammbäumen Spuren hinterlassen. Auf diese Weise sollen letztlich aus den Stammbäumen Aussagen über die Lebensweise vergangener Arten getroffen werden.

Durch Computersimulationen erhoffen wir uns weiteren Aufschluß darüber, inwieweit aus den Daten erkenntlich ist, welche Methode die zuverlässigsten Ergebnisse liefert. Wie oben erläutert, machen die verschiedenen Methoden Annahmen über die Merkmale, die verwendet werden. Bisher gibt es aber keine zuverlässigen Kriterien, um sich bei gegebener Verteilung der Merkmalszustände für eine Rekonstruktionsmethode – die Hennigsche, die kladistische oder die statistische – zu entscheiden. Bei der statistischen Methode müssen zudem noch für verschiedene Merkmale unterschiedliche Veränderungswahrscheinlichkeiten angenommen werden. Auch hier dürften Simulationen zu neuen Einsichten führen.

Bildquellennachweis

S. 13: «Astronomische Uhr des Straßburger Münsters», Fremdenverkehrsbüro Straßburg; S. 14: *Spektrum der Wissenschaft* 4/1993 «Rechenmaschine von Charles Babbage»; S. 128: Die Kontinente in drei geologischen Epochen, aus *D. H. Tarling: Continental Drift. A Study of the Earth's Moving Surface*. London 1971; S. 137: Birkeland und Devik mit der Terella, aus: *The Birkeland Symposium on Aurora and Magnetic Storms, Sept. 18 through 22, 1967. Sandefjord, Norway*. S. 138; Simulation der allgemeinen Zirkulation der Atmosphäre in einer rotierenden Schüssel, aus: *Stanley David Gedzelman: Weatherwise, Aug./Sept. 1994, Volume 47, Number 4* «The rotaring disphan»

Die Graphiken auf den Seiten 17, 18, 124, 142 fertigte Hans Baumer, die übrigen stammen von den Autoren.

Die Autoren

Giovanni Galizia, geboren 1963 in Rom, Studium der Biologie und Mathematik an der Freien Universität Berlin, 1989–1992 Promotion an der University of Cambridge bei Adrian Friday, 1992–1995 als PostDoc am Max-Planck-Institut für Entwicklungsbiologie, Tübingen, tätig. Seit Juni 1995 wissenschaftlicher Assistent am Institut für Neurobiologie, Freie Universität Berlin.

Walther von Hahn, Jahrgang 1942, studierte Sprachwissenschaft und Theologie in Marburg/Lahn. Ab Mitte der siebziger Jahre als Professor für Germanistik an der Universität Hamburg tätig. 1987 Wechsel in den Fachbereich Informatik derselben Universität als ordentlicher Professor für Informatik mit dem Spezialgebiet «Sprachverarbeitung und Künstliche Intelligenz».

Jürgen Lehn, geboren 1941 in Karlsruhe, Studium der Mathematik an den Universitäten Freiburg und Karlsruhe, wissenschaftlicher Assistent an den Universitäten Karlsruhe und Regensburg. 1968 Diplom in Karlsruhe, 1972 Promotion in Regensburg, 1978 Habilitation in Karlsruhe. 1978 Professor für Mathematik an der Universität Marburg, seit 1979 an der Technischen Hochschule Darmstadt.

Giuseppe O. Longo ist Professor für Informationstheorie an der Universität Triest. Er befaßt sich mit Erkenntnistheorie und den Beziehungen zwischen Naturwissenschaft, Technik und Gesellschaft. Er ist ferner Autor und Übersetzer von Romanen, Essays und Erzählungen.

Peter Mulser, geboren 1936 in Völs/Südtirol, studierte Physik und Mathematik an der Scuola Normale Superiore in Pisa und an der Ludwig-Maximilians-Universität München, wo er promovierte. Bis 1976 Forschungsarbeiten am Max-Planck-Institut für Plasmaphysik, 1976–1981 am Max-Planck-Institut für Quantenoptik (beide in Garching bei München). Seit 1981 Professor für Theoretische Physik an der Technischen Hochschule Darmstadt. Forschungsschwerpunkt: Wechselwirkungen ultrakurzer Laserpulse mit Materie.

Helmut Neunzert, geboren 1936 in München, arbeitete nach dem Studium der Mathematik und Physik zwölf Jahre lang im Mathematischen Institut der Forschungsanlage Jülich und habilitierte an der RWTH Aachen. Nachdem er 1974 eine ordentliche Professur für die mathematischen Grundlagen von Physik und Technik an der Universität Kaiserslautern übernahm, folgte er der Überzeugung, daß engere Kontakte zwischen der industriellen Praxis und der Universität auch auf dem Gebiet der Mathematik für Forschung und Lehre sehr vorteilhaft sind. Im letzten Jahrzehnt baute er deshalb eines der europäischen Zentren in Industriemathematik auf mit Kooperationen zu ganz unterschiedlichen wissenschaftlichen Bereichen, vom Windeldesign bis zur Raumfahrt, und engagierte sich auch für die europäische Zusammenarbeit auf diesem Gebiet. 1993 erhielt er für diese Bemühung das Ehrendoktorat der Johannes-Kepler-Universität Linz.

Peter Puhr-Westerheide studierte Elektrotechnik an der RWTH Aachen, promovierte 1976 am dortigen Institut für Physikalische Chemie über On-line-Prozeßrechner in der Kernspinresonanzspektrometrie und arbeitete anschließend am selben Institut als wissenschaftlicher Mitarbeiter. Von 1978 bis 1983 war er bei der Gesellschaft für Reaktorsicherheit in München mit der Sicherheit von Software befaßt, anschließend arbeitete er freiberuflich an einem On-line-Netzwerk-Datenbanksystem für Presseagenturen, war als Berater und Dozent für Wirtschaft und Industrie im Bereich Software-Engineering tätig und wirkte am ESPRIT-Projekt TRUST (testing and reliability) mit. Seit 1989 ist er erneut bei der Gesellschaft für Reaktorsicherheit, wo er an Simulations- und Visualisierungssystemen sowie an verteilten Netzwerk-Rechnersystemen arbeitet.

Stefan Rettig, geboren 1959 in Heppenheim/Bergstraße, Studium der Mathematik und Informatik in Darmstadt, 1990 Promotion. Seit 1991 wissenschaftlicher Assistent in der Arbeitsgruppe Stochastik und Operations Research des Fachbereichs Mathematik an der Technischen Hochschule Darmstadt.

Norbert Untersteiner, Professor of Atmospheric Sciences and Geophysics, Vorstand des Department of Atmospheric Sciences an der University of Washington, Seattle. Geboren 1926 in Meran, Doktorat 1950 (Innsbruck), habilitiert

tiert 1960 (Wien). Glazialklimatologische Arbeiten in den Alpen und im Karakorum, wissenschaftlicher Leiter der Station Alpha im Arktischen Ozean (IGY 1957/58). Emigriert 1962 in die USA (Seattle), seither Lehr- und Forschungsarbeit mit Schwergewicht in Meereis, Polarklimatologie und Ozeanographie. Gastrollen als wissenschaftlicher Berater des Office of Naval Research, Washington D.C., 1978–1980, als Direktor des Office of Ocean Programs, NOAA, Washington D.C., 1980/81 und als Direktor des Polar Science Center, University of Washington, Seattle, 1981–1988.

Register

6. Bozner Treffen vom 30. 9. bis 2. 10. 1995

Schloß Maretsch in Bozen, Südtirol (Italien)

Seit 1990 unternehmen die «Bozner Treffen» alljährlich den Versuch, die Erscheinungswelt als Ganzes zu begreifen und die Sprachen der verschiedenen Disziplinen verständlich zu machen.

Sie wollen Gespräche unter Wissenschaftlern vermitteln an einem Ort, der aus seiner Tradition eine Mittlerstellung zwischen Kultur- und Sprachräumen wahrnehmen kann: In der Autonomen Provinz Südtirol wird deutsch, italienisch und ladinisch gesprochen.

Die Vorträge und Diskussionen beim Bozner Treffen werden in deutscher und italienischer Sprache, je nach Herkunft oder Präferenz der Referenten, gehalten, und zwar ohne Simultanübersetzung, da von den Referenten (und den interessierten Besuchern) die zumindest passive Kenntnis der jeweils anderen Sprache erwartet wird.

So verstehen sich die «Bozner Treffen» als interdisziplinärer Austausch aus Interesse, frei zugänglich für Interessierte. *Inga Hosp*

Weltbilder – Modellwelten

Der Beitrag der Einzelwissenschaften zur Philosophie

Mit dem Sich-Wundern des Menschen über das vermeintlich Selbstverständliche und der Analyse des Regelmäßigen wurde die Philosophie geboren.

Uns erscheint Philosophie heute in einem neuen Sinn, aber mit denselben Zielen wie eh und je, möglich und notwendig. Sie kommen aus übergeordneten, «vernünftigen» Anschauungen, die nicht im Widerspruch zur Wissenschaft sein dürfen. Wenn Philosophie Überzeugungskraft für sich beanspruchen will, muß sie sich mit den fortschrittlichsten wissenschaftlichen Erkenntnissen ihrer Zeit auseinandersetzen und zugleich einen tragfähigen übergreifenden Rahmen anbieten. An dieser Schnittstelle ist das diesjährige Bozner Treffen angesiedelt und will einen konstruktiven Beitrag zur Verstärkung philosophischen Denkens leisten. *Peter Mulser*

Wir haben so oft gehört, Naturwissenschaft führe über die technische Umsetzung zu menschlichen Katastrophen, daß wir uns einen Ruck geben müssen, um uns zu besinnen, was uns eigentlich antreibt. Die Lust am Wissen, die Faszination der philosophischen Grundfragen, die Weiterführung eines akademischen Gesprächs, das seit dreitausend Jahren anhält.

Alle Naturwissenschaft ist Geisteswissenschaft: Vergeistigung der Natur, Philosophie im antiken Sinn. Die heutige Philosophie sieht sich anders, nimmt sich das vor, was die Wissenschaften nicht vermögen, setzt dort an, wo sie, aus Bescheidenheit oder Unvermögen, nicht mehr weiter können. Die Grenze zwischen den beiden Bereichen wird von den Einzelwissenschaften bestimmt und immer wieder um ein weniges verschoben. Die Philosophie im alten Sinn wächst weiter und übernimmt Themen, die die Philosophie im neuen Sinn für sich beansprucht hatte.

Valentin Braitenberg